MEHURČKI IN UGRIZI: ULTIMATIVNA KUHARSKA KNJIGA PROSECCO

Izboljšajte svojo kulinarično izkušnjo s 100 užitki, prežetimi s proseccom

Mateja Vidic

avtorske pravice Material ©2024

Vse pravice Rezervirano

št zabava od to knjiga maj moliti rabljeno oz preneseno v kaj oblika oz mesto kaj pomeni brez the pravilno napisano soglasje od the založniki duha avtorske pravice lastnik, razen za kratek kotacije rabljeno v a pregled. to knjiga naj Opomba moliti upoštevati a nadomestek za medicinski, pravni, oz drugo strokovno nasvet.

KAZALO

KAZALO..3
UVOD..7
ZAJTRK IN MALICA...9
1. Prosecco palačinke..10
2. Prosecco sadna solata...12
3. Prosecco francoski toast...14
4. Prosecco jogurtov parfe..16
5. Prosecco jagodne palačinke...18
6. Prosecco zajtrk kvinoja...21
7. Prosecco vaflji...23
8. Zloženke palačink Mini Prosecco................................25
9. Pečeni Prosecco krofi...28
10. Prosecco kruh...31
11. Prosecco francoski toast...34
12. Prosecco čez noč oves..36
13. Skodelice za jajca Prosecco.......................................38
14. Prosecco kolački..40
15. Prosecco Quiche za zajtrk...43
PRIGRIZKI..45
16. Bruschetta z redukcijo Prosecco................................46
17. Prosecco marinirane olive..48
18. Prosecco nabodala s kozicami...................................50
19. S kozjim sirom polnjene gobe...................................52
20. Prosecco Ceviche...54
21. Prosecco poširane hruške..56
22. Prosecco sadna nabodala...58
23. Prosecco Popcorn..60
24. Prosecco Guacamole...62
25. Prosecco bruschetta...64
26. Prosecco polnjene jagode..66

27. Grižljaji kumar Prosecco..68
28. Prosecco Trail Mix...70
29. Energijski grižljaji Prosecco..72
GLAVNA JED..74
30. Prosecco rižota s kozicami...75
31. Prosecco piščanec Piccata...77
32. Losos s popečenimi semeni in proškem.......................80
33. Testenine Prosecco Bolognese......................................83
34. Gobova rižota Prosecco..86
35. Piščanec s Pomodoro in Prosecco omako....................89
36. Prosecco dušena goveja kratka rebra..........................92
37. Prosecco mariniran piščanec na žaru..........................95
SLADICA..97
38. Prosecco torta..98
39. Prosecco sirni fondue...102
40. Prosecco Granita..104
41. Breskev in prosecco Pavlova......................................106
42. Panna cotta iz šampanjca z jagodami.......................108
43. Sorbet jagodnega šampanjca......................................111
44. Sadna pašteta jagoda in prosecco..............................113
45. Prosecco Vodka Grozdje..116
46. Med, prepojen s proseccom..118
47. Roza Prosecco gumijasti medvedek str.....................120
48. Sadna solata Mimoza...122
49. Prosecco Macarons..124
50. Prosecco sladoled..127
51. Prosecco sadna solata...130
52. Brusnično -Prosecco torta za zajtrk..........................132
53. Klasična prosecco torta...135
54. Prosecco kolački...140
55. Krvava pomarančna torta Prosecco...........................143
56. Prosecco Mousse..146
57. Prosecco Cheesecake ploščice....................................148
58. Prosecco tortna rolada..151
59. Prosecco Popsicles...154

60. Prosecco Granita...156
61. Breskve in jagodičevje v Proseccu.................................159
62. Prosecco poširane hruške..161
63. Prosecco Berry Parfait..163
64. Prosecco in malinovi želeji..165
65. Prosecco in limonin posset..167
66. Prosecco Tiramisu...169
ZAČIMBE..171
67. Prosecco in breskova salsa..172
68. Prosecco žele...174
69. Prosecco gorčica..176
70. Prosecco maslo..178
71. Prosecco limonina skuta..180
72. Prosecco Aioli..182
73. Prosecco medena gorčica...184
74. Prosecco zeliščno maslo...186
75. Prosecco Salsa Verde..188
KOKTAJLI..190
76. Aperol Spritz...191
77. Prosecco in mimoze iz pomarančnega soka..................193
78. Hibiskus Spritz..195
79. Šampanjec Mules..197
80. Hugo...199
81. Prosecco Mojito...201
82. Sgroppino...203
83. Prosecco Bellini...205
84. Prosecco Margarita...207
85. Prosecco Ginger Fizz..209
86. francoski prosecco 75...211
87. Prosecco punč iz granatnega jabolka............................213
88. Prosecco koktajl z rubinom in rožmarinom.................215
89. Prosecco bezgov koktajl..218
90. Rožnati koktajl grenivke..220
91. Prosecco Ananasov Sorbet Float....................................222
92. Malinova limonada Koktajl...224

93. Pomarančni sorbet Koktajl................226
94. Bezgova krvava pomaranča Koktajl................228
95. Prosecco in pomarančni sok Koktajl................230
96. Pasijonka Koktajl................232
97. Breskve Prosecco koktajl................234
98. Ananas Prosecco koktajl................236
99. Prosecco Sangria................238
100. Jagoda Prosecco koktajl................240
ZAKLJUČEK................242

UVOD

Dobrodošli v "MEHURČKI IN UGRIZI: ULTIMATIVNA KUHARSKA KNJIGA PROSECCO"! Na tem kulinaričnem popotovanju bomo raziskovali čudovit svet Prosecca in njegovo neverjetno vsestranskost v kuhinji. Prosecco s svojimi šumečimi mehurčki in živahnimi okusi v vsako jed vnese pridih elegance in prefinjenosti. Od zajtrka do prigrizkov, glavnih jedi in celo začimb – odkrili vam bomo skrivnosti vključevanja Prosecca v vaše najljubše recepte in tako ponesli vaše kulinarične stvaritve na nove višave.

V tej kuharski knjigi boste našli zbirko skrbno izbranih receptov, ki prikazujejo edinstvene značilnosti Prosecca in poudarjajo njegovo sposobnost izboljšanja široke palete okusov. Vsak recept je izdelan z natančnostjo, zagotavlja podrobne meritve sestavin in navodila po korakih, ki zagotavljajo vaš uspeh v kuhinji. Ne glede na to, ali gostite posebno priložnost ali preprosto želite svojim vsakodnevnim obrokom dodati kanček iskrice, vas bo ta kuharska knjiga navdihnila, da raziščete čudoviti svet jedi, prepojenih s proseccom.

Vzemite torej steklenico svojega najljubšega Prosecca, nadenite si predpasnik in se pripravite na kulinarično avanturo, ki bo navdušila vaše brbončice in navdušila vaše goste. Od koktajlov za malico do gurmanskih večerij, možnosti so neskončne, ko gre za kreacije, prepojene s Proseccom. Odprimo zamašek in se potopimo v svet

"MEHURČKI IN UGRIZI: ULTIMATIVNA KUHARSKA KNJIGA PROSECCO"!

ZAJTRK IN MALICA

1. Prosecco palačinke

SESTAVINE:
- 1 skodelica večnamenske moke
- 1 žlica sladkorja
- 1 čajna žlička pecilnega praška
- ¼ čajne žličke soli
- 1 skodelica Prosecca
- ¼ skodelice mleka
- 1 jajce
- 2 žlici stopljenega masla

NAVODILA:
a) V veliki skledi za mešanje zmešajte moko, sladkor, pecilni prašek in sol.

b) V ločeni skledi zmešajte Prosecco, mleko, jajce in stopljeno maslo. Dobro premešaj.

c) Mokre sestavine vlijemo v suhe sestavine in mešamo, dokler se le ne združijo. Ne premešajte; nekaj grudic je v redu.

d) Na srednjem ognju segrejte ponev ali rešetko, ki se ne sprijema, in jo rahlo namastite z maslom ali pršilom za kuhanje.

e) Nalijte ¼ skodelice testa na ponev za vsako palačinko.

f) Kuhajte, dokler se na površini ne naredijo mehurčki, nato obrnite in pecite drugo stran do zlato rjave barve.

g) Prosecco palačinke postrezite s svojimi najljubšimi prelivi, kot so sveže jagode, stepena smetana ali javorjev sirup.

2. Prosecco sadna solata

SESTAVINE:
- 2 skodelici mešanega svežega sadja (kot so jagode, borovnice, maline in narezane breskve)
- ½ skodelice Prosecco
- 1 žlica medu
- Listi sveže mete za okras

NAVODILA:
a) V veliki skledi zmešajte zmešano sveže sadje.
b) V ločeni skledi zmešajte Prosecco in med, dokler se dobro ne združita.
c) Mešanico Prosecco prelijte čez sadje in ga nežno premešajte.
d) Sadno solato pustimo stati približno 10 minut, da se okusi prepojijo.
e) Okrasite z listi sveže mete in postrezite ohlajeno.

3. Prosecco francoski toast

SESTAVINE:
- 4 rezine kruha (kot je brioš ali francoski kruh)
- $\frac{3}{4}$ skodelice Prosecco
- $\frac{1}{4}$ skodelice mleka
- 2 jajci
- 1 žlica sladkorja
- $\frac{1}{2}$ čajne žličke vanilijevega ekstrakta
- Maslo za kuhanje
- Sladkor v prahu za posipanje (neobvezno)
- Sveže jagode za serviranje (neobvezno)

NAVODILA:
a) V plitvi posodi zmešajte Prosecco, mleko, jajca, sladkor in vanilijev ekstrakt.
b) Na zmernem ognju segrejte ponev ali rešetko, ki se ne sprijema, in stopite košček masla.
c) Vsako rezino kruha pomočite v mešanico Prosecca in pustite, da se nekaj sekund namoči na vsaki strani.
d) Namočen kruh položite na ponev in pecite do zlato rjave barve na vsaki strani, približno 2-3 minute na stran.
e) Ponovite s preostalimi rezinami kruha in po potrebi dodajte več masla.
f) Prosecco francoski toast po želji potresemo s sladkorjem v prahu in postrežemo s svežimi jagodami.

4. Prosecco jogurtov parfe

SESTAVINE:

- 1 skodelica grškega jogurta
- 2 žlici medu
- ½ čajne žličke vanilijevega ekstrakta
- 1 skodelica granole
- 1 skodelica mešanih svežih jagod
- ¼ skodelice Prosecca

NAVODILA:

a) V majhni skledi zmešajte grški jogurt, med in vanilijev ekstrakt, dokler ni gladka.

b) V servirne kozarce ali sklede naložite mešanico grškega jogurta, granolo, sveže jagode in kanček Prosecca.

c) Plasti ponavljajte, dokler ne porabite sestavin, zaključite s kepico grškega jogurta in na vrh potresite granolo.

d) Takoj postrezite kot čudovit jogurtov parfait s proseccom.

5. Prosecco jagodne palačinke

SESTAVINE:
ZA CREPATE:
- 1 skodelica večnamenske moke
- 2 jajci
- ½ skodelice mleka
- ½ skodelice Prosecco
- 1 žlica sladkorja
- ¼ čajne žličke soli
- Maslo za kuhanje

ZA NADEV:
- 1 skodelica mešanih svežih jagod
- ¼ skodelice Prosecca
- 2 žlici sladkorja v prahu

NAVODILA:
a) V mešalniku zmešajte moko, jajca, mleko, Prosecco, sladkor in sol. Mešajte do gladkega.
b) Na srednjem ognju segrejte ponev proti prijemanju ali ponev za palačinke in jo rahlo namastite z maslom.
c) Vlijte ¼ skodelice testa za palačinke v ponev in ga zavrtite, da nastane tanka, enakomerna plast.
d) Krep kuhajte približno 2 minuti, dokler se robovi ne začnejo dvigovati in dno rahlo zlato zapeče. Obrnite in pecite drugo stran še eno minuto.
e) Ponovite s preostalim testom, ponev pa po potrebi namažite z maslom.
f) V manjši kozici na majhnem ognju segrevajte zmiksano sveže jagodičevje, prosecco in sladkor v prahu, dokler jagode ne spustijo soka in se mešanica rahlo zgosti.
g) Na vsako palačinko z žlico naložimo jagodni nadev in ga prepognemo v trikotnik ali zvijemo.

h) Jagodne palačinke Prosecco postrezite tople, po želji jih dodatno potresite s sladkorjem v prahu.

6. Prosecco zajtrk kvinoja

SESTAVINE:

- 1 skodelica kvinoje
- 2 skodelici Prosecca
- 1 skodelica mleka
- 2 žlici medu
- ½ čajne žličke vanilijevega ekstrakta
- Sveže jagode in sesekljani oreščki za preliv

NAVODILA:

a) Kvinojo spirajte pod hladno vodo, dokler voda ne postane bistra.

b) V ponvi zavrite Prosecco. Dodajte oprano kvinojo in zmanjšajte ogenj na nizko.

c) Ponev pokrijte in pustite vreti približno 15-20 minut, dokler se kvinoja ne zmehča in se prosecco vpije.

d) V ločeni ponvi segrejte mleko, med in vanilijev ekstrakt, dokler se ne segrejejo.

e) Ko je kvinoja kuhana, jo prelijemo z mlečno mešanico in dobro premešamo, da se poveže.

f) Kvinojo za zajtrk Prosecco postrezite v skledah in jo potresite s svežimi jagodami in sesekljanimi oreščki.

7. Prosecco vaflji

SESTAVINE:
- 2 skodelici večnamenske moke
- 2 žlici granuliranega sladkorja
- 1 žlica pecilnega praška
- ½ čajne žličke soli
- 2 veliki jajci
- 1¾ skodelice pomarančnega soka
- ¼ skodelice nesoljenega masla, stopljenega
- ¼ skodelice Prosecca
- Lupina 1 pomaranče

NAVODILA:
a) V posodi za mešanje zmešajte moko, sladkor, pecilni prašek in sol.
b) V ločeni skledi stepemo jajca. Dodajte pomarančni sok, stopljeno maslo, prosecco in pomarančno lupinico. Mešajte, dokler se dobro ne združi.
c) Mokre sestavine vlijemo v suhe sestavine in mešamo, dokler se le ne združijo.
d) Predgrejte pekač za vaflje in ga rahlo namastite.
e) Maso vlijemo na segret pekač za vaflje in skuhamo po navodilih proizvajalca.
f) Vaflje Prosecco postrezite s sladkorjem v prahu in stranjo rezin svežih pomaranč.

8. Zloženke palačink Mini Prosecco

SESTAVINE:
PALAČINKE:
- 2 skodelici Bisquick Popolna mešanica za palačinke in vaflje
- ⅔ skodelice svežega pomarančnega soka
- ⅔ skodelice vode

Prosecco KREMA:
- ½ skodelice mascarpone sira
- Naribana lupina 1 srednje velike pomaranče
- 5 žlic sladkorja v prahu
- ½ skodelice Prosecco
- ⅓ skodelice smetane za stepanje

Dodatki:
- 4 do 6 žlic pomarančne marmelade
- Pomarančna lupina za okras

NAVODILA:
a) Segrejte rešetko ali ponev na srednje močnem ognju (375 °F) in premažite z rastlinskim oljem.

b) V srednje veliki skledi z metlico stepemo sestavine za palačinke. Z jedilno žlico ali majhno zajemalko za sladoled vlijte maso na vročo rešetko in oblikujte majhne kroge palačink. Kuhajte, dokler se na površini ne počijo mehurčki, nato obrnite in pecite do zlato rjave barve. Palačinke prestavimo na rešetko za hlajenje.

c) V manjši skledi z električnim mešalnikom na srednji hitrosti stepite mascarpone sir, pomarančno lupinico in sladkor v prahu, dokler niso dobro stepeni. Zmanjšajte hitrost na nizko in nežno stepajte Prosecco, dokler ni gladek. V drugi majhni skledi na visoki hitrosti stepajte smetano za stepanje, dokler ne nastanejo čvrsti vrhovi. Z lopatko stepeno smetano nežno vmešamo v mešanico mascarponeja.

d) Če želite sestaviti kup palačink, položite eno mini palačinko na krožnik ali servirni krožnik. Palačinko namažemo s pomarančno marmelado. Ponovite s še dvema palačinkama in marmelado. Prelijemo s kremo Prosecco in okrasimo s pomarančno lupinico.

9. Pečeni Prosecco krofi

SESTAVINE:
KROFI:
- 3 skodelice moke
- 2 žlički pecilnega praška
- ½ čajne žličke morske soli
- 4 jajca
- ¾ skodelice stopljenega masla
- 1 skodelica sladkorja
- ½ skodelice Prosecco
- 1 čajna žlička vanilijevega ekstrakta
- Lupina in sok 2 velikih pomaranč

GLAZURA:
- 6 žlic Prosecca
- 2 skodelici presejanega sladkorja v prahu
- Lupina 1 pomaranče

NAVODILA:
a) Pečico segrejte na 350 stopinj Fahrenheita (175 stopinj Celzija). Namastite model za krofe.
b) V veliki skledi zmešajte moko, pecilni prašek, morsko sol in pomarančno lupinico.
c) V drugi skledi zmešajte sladkor, jajca, prosecco, pomarančni sok, stopljeno maslo in vanilijev ekstrakt.
d) Dodajte mokre sestavine k suhim sestavinam in mešajte, dokler testo ni gladko in ne ostanejo suhi žepki.
e) Testo prenesite v slaščičarsko vrečko ali vrečko z zadrgo z odrezanim vogalom. Testo vlijemo v pripravljen model za krofe.
f) Krofe pecite približno 15 minut oziroma dokler vrhovi niso čvrsti na otip. Vrhovi ne smejo biti rjavi. Dno enega krofa lahko preverite, ali je porjavel.

g) Krofe vzamemo iz pekača in pustimo, da se ohladijo na sobno temperaturo.
h) Medtem pripravimo glazuro tako, da zmešamo prosecco, presejan sladkor v prahu in pomarančno lupinico.
i) Ko se krofi ohladijo, vsakega posebej pomočimo v glazuro. Pustite, da se glazura strdi, nato pa krofe ponovno potopite v dvojno glazuro.
j) Uživajte v teh čudovitih pečenih krofih Prosecco, aromatiziranih s svežim pomarančnim sokom, lupinico in penečim Proseccom! So popolna poslastica za sladico ali poseben zajtrk.

10. Prosecco kruh

SESTAVINE:
- 2 skodelici moke
- 2 čajni žlički sode bikarbone
- ½ čajne žličke soli
- 2 jajci
- ¼ skodelice stopljenega masla
- 1 skodelica sladkorja
- ½ skodelice Prosecco
- ⅓ skodelice kisle smetane
- ¼ skodelice pomarančnega soka
- 1 žlica pomarančne lupinice
- Zaledenitev:
- ½ skodelice sladkorja v prahu
- ½ - 1 žlica Prosecca
- ½ žlice pomarančne lupinice

NAVODILA:
a) Pečico segrejte na 350 stopinj F (175 stopinj C) in namastite pekač za kruh.
b) V manjši skledi zmešajte moko, sodo bikarbono in sol. Dati na stran.
c) V veliki skledi za mešanje stepite jajca, stopljeno maslo in sladkor. Dodajte Prosecco, kislo smetano, pomarančni sok in pomarančno lupinico.
d) Počasi dodajte suhe sestavine k mokrim sestavinam in mešajte, dokler se le ne povežejo.
e) Testo prenesite v pripravljen pekač za hlebce in pecite 55-60 minut ali dokler zobotrebec, ki ga zapičite v sredino, ne izstopi čist.
f) Pustite, da se štruca popolnoma ohladi, preden jo zaledite.

g) V majhni skledi zmešajte vse sestavine za glazuro, dokler ni gladka. Glazuro pokapljamo po ohlajeni štruci.

h) Uživajte v tem čudovitem kruhu Prosecco, prežetem z okusi Prosecca in pomarančne lupinice! Je popolna poslastica za kosilo, zajtrk ali kadar koli si zaželite slastno vlažnega in citrusnega kruha.

11. Prosecco francoski toast

SESTAVINE:
- 6 rezin debelega kruha (npr. brioche ali challah)
- 4 velika jajca
- $\frac{1}{2}$ skodelice pomarančnega soka
- $\frac{1}{4}$ skodelice Prosecca
- $\frac{1}{4}$ skodelice mleka
- 1 žlica pomarančne lupinice
- $\frac{1}{2}$ čajne žličke vanilijevega ekstrakta
- Maslo za cvrtje
- Sladkor v prahu za posipanje
- Sveže jagode za preliv
- Javorjev sirup za serviranje

NAVODILA:
a) V plitvi posodi zmešajte jajca, pomarančni sok, prosecco, mleko, pomarančno lupinico in vanilijev ekstrakt.

b) Vsako rezino kruha pomočite v mešanico in pustite, da se na vsaki strani nekaj sekund namoči.

c) Veliko ponev segrejte na zmernem ognju in dodajte malo masla, da premažete ponev.

d) Namočene rezine kruha popečemo do zlato rjave in hrustljave na obeh straneh.

e) Francoski toast preložite na servirne krožnike, potresite s sladkorjem v prahu in potresite s svežimi jagodami.

f) Postrezite z javorjevim sirupom ob strani.

12. Prosecco cez noč oves

SESTAVINE:
- 1 skodelica ovsenih kosmičev
- 1 skodelica pomarančnega soka
- ½ skodelice grškega jogurta
- ¼ skodelice Prosecca
- 1 žlica medu
- 1 čajna žlička pomarančne lupinice
- Narezano sveže sadje za preliv (hrast, pomaranče, jagodičevje)
- Praženi mandlji ali orehi za hrustljanje (neobvezno)

NAVODILA:
a) V skledi zmešajte ovsene kosmiče, pomarančni sok, grški jogurt, prosecco, med in pomarančno lupinico.

b) Dobro premešajte, da se vse sestavine popolnoma povežejo.

c) Skledo pokrijte s plastično folijo ali pokrovom in čez noč postavite v hladilnik.

d) Zjutraj premešajte oves in po potrebi dodajte kanček pomarančnega soka ali jogurta, da prilagodite gostoto.

e) Po želji potresemo z narezanim svežim sadjem in praženimi oreščki.

13. Skodelice za jajca Prosecco

SESTAVINE:

- 6 rezin kuhane slanine
- 6 velikih jajc
- ¼ skodelice pomarančnega soka
- ¼ skodelice Prosecca
- Sol in poper po okusu
- Svež drobnjak za okras

NAVODILA:

a) Pečico segrejte na 375 °F (190 °C). Pekač za mafine namastimo ali uporabimo silikonske modelčke za mafine.

b) Vsako skodelico obložite z rezino kuhane slanine, tako da oblikujete krog.

c) V majhni skledi zmešajte jajca, pomaranči sok, prosecco, sol in poper.

d) Jajčno zmes vlijemo v vsako skodelico, obloženo s slanino, in jo napolnimo približno do ⅔.

e) Pečemo v predhodno ogreti pečici 15-18 minut oziroma dokler se jajčka ne strdijo.

f) Jajčne skodelice vzamemo iz pečice, pustimo, da se nekoliko ohladijo in okrasimo s svežim drobnjakom.

14. Prosecco kolački

SESTAVINE:

- 2 skodelici večnamenske moke
- ¼ skodelice granuliranega sladkorja
- 1 žlica pecilnega praška
- ½ čajne žličke soli
- ½ skodelice hladnega nesoljenega masla, narezanega na majhne kocke
- ¼ skodelice težke smetane
- ¼ skodelice pomarančnega soka
- ¼ skodelice Prosecca
- 1 čajna žlička pomarančne lupinice
- ½ skodelice posušenih brusnic ali zlatih rozin (neobvezno)
- 1 veliko jajce, pretepljeno (za pranje jajc)
- Grobi sladkor za posipanje

NAVODILA:

a) Pečico segrejte na 400 °F (200 °C). Pekač obložite s peki papirjem.

b) V veliki skledi zmešajte moko, sladkor, pecilni prašek in sol.

c) Suhim sestavinam dodamo kocke hladnega masla in jih z rezalnikom za testo ali dvema nožema narežemo tako, da zmes postane podobna grobim drobtinam.

d) V ločeni skledi zmešajte smetano, pomarančni sok, prosecco in pomarančno lupinico.

e) Mokre sestavine vlijemo v suho mešanico in mešamo, dokler se ravno ne povežejo. Če uporabljate, dodajte posušene brusnice ali zlate rozine.

f) Testo prestavimo na pomokano površino in ga zlepimo v približno 1 cm debel krog. Krog razrežite na 8 klinov.

g) Pogačice položimo na pripravljen pekač, po vrhu namažemo s stepenim jajcem in potresemo z grobim sladkorjem.

h) Pečemo v predhodno ogreti pečici 15-18 minut oziroma toliko časa, da so kolački zlato rjavi.

i) Pustite, da se kolački nekoliko ohladijo, preden jih postrežete.

15. Prosecco Quiche za zajtrk

SESTAVINE:

- 1 pripravljena skorja za pito
- 4 velika jajca
- ½ skodelice pomarančnega soka
- ½ skodelice Prosecco
- ½ skodelice težke smetane
- ½ skodelice naribanega cheddar sira
- ¼ skodelice kuhane in zdrobljene slanine
- ¼ skodelice sesekljane zelene čebule
- Sol in poper po okusu
- Svež peteršilj za okras

NAVODILA:

a) Pečico segrejte na 375 °F (190 °C).
b) Razvaljajte skorjo za pito in jo položite v 9-palčni pekač za pito. Poljubno zavihajte robove.
c) V skledi zmešajte jajca, pomarančni sok in prosecco, dokler se dobro ne premešajo.
d) Dodajte smetano, nariban čedar sir, nadrobljeno slanino, sesekljano zeleno čebulo, sol in poper. Mešajte, da se združi.
e) Jajčno zmes vlijemo v pripravljeno skorjo za pito.
f) Quiche pecite v predhodno ogreti pečici 30-35 minut oziroma dokler se sredina ne strdi in vrh zlato rjavo zapeče.
g) Odstranite quiche iz pečice in pustite, da se ohladi nekaj minut, preden ga narežete.
h) Okrasite s svežim peteršiljem in postrezite toplo.

PRIGRIZKI

16. Bruschetta z redukcijo Prosecco

SESTAVINE:

- Bagueta, narezana na kolobarje
- 1 žlica olivnega olja
- 1 skodelica sira ricotta
- Lupina 1 limone
- 1 žlica medu
- 1 skodelica mešanih svežih jagod
- Listi sveže mete za okras
- Prosecco redukcija (pripravljena tako, da prosecco kuhamo, dokler se ne zgosti)

NAVODILA:

a) Pečico segrejte na 350°F (175°C).
b) Rezine bagete premažite z olivnim oljem in jih položite na pekač.
c) Bagete pražite v pečici približno 8-10 minut ali dokler niso rahlo zlate.
d) V majhni skledi zmešajte sir ricotta, limonino lupinico in med, dokler se dobro ne premešajo.
e) Na vsak krog popečene bagete razporedite kanček mešanice rikote.
f) Rikoto prelijemo z mešanimi svežimi jagodami.
g) Po brusketi pokapljajte redukcijo Prosecco.
h) Okrasite z listi sveže mete.

17. Prosecco marinirane olive

SESTAVINE:
- 1 skodelica mešanih oliv (kot so Kalamata, zelene ali črne)
- ¼ skodelice Prosecca
- 2 žlici olivnega olja
- 2 stroka česna, nasekljana
- 1 čajna žlička posušenih italijanskih zelišč (kot je origano ali timijan)
- Kosmiči rdeče paprike (neobvezno)

NAVODILA:
a) V skledi zmešajte olive, Prosecco, olivno olje, mlet česen, posušena italijanska zelišča in po želji rdeče paprike.
b) Olive stresite v marinado, dokler niso dobro prekrite.
c) Skledo pokrijemo in postavimo v hladilnik za vsaj 1 uro ali čez noč, da se okusi razvijejo.
d) Prosecco marinirane olive postrezite kot okusen in slan prigrizek.

18. Prosecco nabodala s kozicami

SESTAVINE:
- 1 funt velika kozica, olupljena in razrezana
- ¼ skodelice Prosecca
- 2 žlici olivnega olja
- 2 stroka česna, nasekljana
- 1 žlica svežega peteršilja, sesekljanega
- Sol in poper po okusu
- Limonine rezine za serviranje

NAVODILA:
a) V skledi zmešajte prosecco, oljčno olje, sesekljan česen, svež peteršilj, sol in poper.

b) V marinado dodajte olupljene in razrezane kozice ter jih premešajte.

c) Skledo pokrijemo in postavimo v hladilnik za vsaj 30 minut, da se okusi prepojijo.

d) Žar ali žar ponev segrejte na srednje močnem ognju.

e) Marinirane kozice nataknite na nabodala.

f) Nabodala s kozicami pecite na žaru 2-3 minute na vsako stran oziroma dokler kozica ni rožnata in neprozorna.

g) Postrezite nabodala s kozicami Prosecco z rezinami limone za okusen in beljakovinsko poln prigrizek.

19. S kozjim sirom polnjene gobe

SESTAVINE:

- 12 velikih gob ali gob
- ¼ skodelice Prosecca
- 4 unče kozjega sira
- 2 žlici svežega drobnjaka, sesekljanega
- Sol in poper po okusu

NAVODILA:

a) Pečico segrejte na 375 °F (190 °C).
b) Gobam odstranimo peclje in jih odstavimo.
c) V pekač vlijemo prosecco in v pekač položimo obrnjene klobuke šampinjonov.
d) Šampinjonove klobuke pečemo približno 10 minut, da se zmehčajo.
e) Medtem drobno narežemo stebla gob.
f) V skledi zmešamo narezana stebla gob, kozji sir, drobnjak, sol in poper.
g) Odstranite klobuke gob iz pečice in odcedite morebitni odvečni prosecco.
h) Vsak gobji klobuk napolnite z mešanico kozjega sira.
i) Nadevane gobe vrnemo v pečico in pečemo še 10-12 minut oziroma toliko časa, da nadev zlate barve in postane mehurčkast.
j) Postrezite gobe, polnjene s proseccom in kozjim sirom, kot slan in eleganten prigrizek.

20. Prosecco Ceviche

SESTAVINE:

- 1 funt fileja bele ribe (kot je hlastač ali tilapija), narezan na majhne kocke
- 1 skodelica Prosecca
- $\frac{1}{2}$ skodelice limetinega soka
- $\frac{1}{4}$ skodelice pomarančnega soka
- $\frac{1}{4}$ skodelice rdeče čebule, drobno sesekljane
- 1 jalapeno, brez semen in zmlet
- $\frac{1}{4}$ skodelice svežega cilantra, sesekljanega
- Sol in poper po okusu
- Tortilja ali trpotčev čips za serviranje

NAVODILA:

a) V stekleni skledi zmešajte ribje kocke, prosecco, limetin sok in pomarančni sok.

b) Vmešajte sesekljano rdečo čebulo, mlet jalapeno in sesekljan koriander.

c) Začinimo s soljo in poprom po okusu.

d) Skledo pokrijte in pustite v hladilniku približno 2-3 ure, občasno premešajte, dokler riba ni neprozorna in jo "skuha" sok citrusov.

e) Prosecco ceviche postrezite ohlajen s tortiljinim čipsom ali trpotčevim čipsom za lahek in pikanten prigrizek.

21. Prosecco poširane hruške

SESTAVINE:
- 4 zrele hruške, olupljene in izrezane
- 2 skodelici Prosecca
- 1 skodelica vode
- ½ skodelice sladkorja
- 1 cimetova palčka
- 4 cele nageljne
- Stepena smetana ali vaniljev sladoled za serviranje

NAVODILA:
a) V veliki ponvi zmešajte Prosecco, vodo, sladkor, cimetovo palčko in cele nageljnove žbice.

b) Mešanico segrevajte na zmernem ognju, dokler se sladkor ne raztopi in tekočina zavre.

c) Olupljene in izrezane hruške dodajte tekočini za poširanje.

d) Hruške dušite v mešanici Prosecco približno 20-30 minut oziroma dokler hruške niso mehke, ko jih prebodete z vilicami.

e) Odstavite ponev z ognja in pustite, da se hruške ohladijo v tekočini.

f) Ko se ohladijo, hruške poberemo iz tekočine in jih položimo v servirne sklede.

g) Prosecco poširane hruške postrezite s pokapljanjem tekočine za poširanje in kepico stepene smetane ali kepico vanilijevega sladoleda.

22. Prosecco sadna nabodala

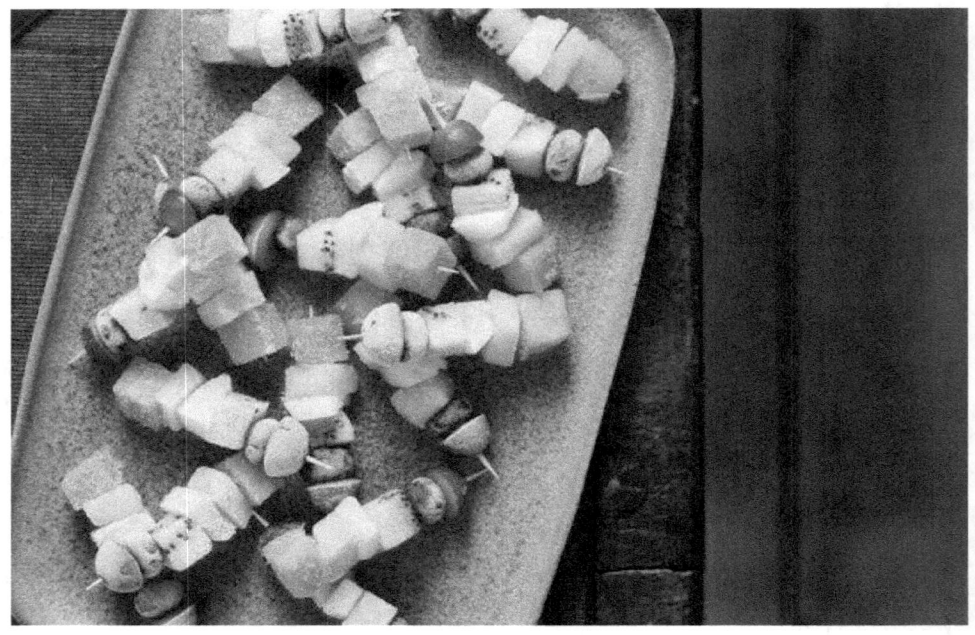

SESTAVINE:
- Izbrano sveže sadje (kot so jagode, grozdje, koščki ananasa in kroglice melone)
- 1 skodelica Prosecca
- Lesena nabodala

NAVODILA:
a) Sveže sadje nataknite na lesena nabodala, tako da sadje izmenjujete za barvito predstavitev.
b) Sadna nabodala naložimo v plitek krožnik ali pekač.
c) Sadna nabodala prelijemo s proseccom in pazimo, da so dobro prevlečena.
d) Posodo ali ponev pokrijemo in pustimo v hladilniku vsaj 1 uro, da se sadje navzame okusov Prosecca.
e) Prosecco sadna nabodala postrezite ohlajena kot osvežilen in sočen prigrizek.

23. Prosecco Popcorn

SESTAVINE:

- 8 skodelic pokukane pokovke
- ¼ skodelice nesoljenega masla, stopljenega
- 2 žlici Prosecca
- 1 čajna žlička pomarančne lupinice
- 1 žlica sladkorja v prahu

NAVODILA:

a) V veliki skledi zmešajte stopljeno maslo, Prosecco in pomarančno lupinico.

b) Pokapljano pokovko pokapljajte z mešanico masla in jo nežno premešajte, da se enakomerno prekrije.

c) Čez pokovko potresemo sladkor v prahu in ponovno premešamo, da se združi.

d) Postrezite takoj ali shranite v nepredušni posodi za pozneje.

24. Prosecco Guacamole

SESTAVINE:

- 2 zrela avokada, pretlačena
- $\frac{1}{4}$ skodelice narezane rdeče čebule
- $\frac{1}{4}$ skodelice narezanega paradižnika
- $\frac{1}{4}$ skodelice sesekljanega cilantra
- 1 jalapeno, brez semen in drobno narezan
- 2 žlici svežega limetinega soka
- 2 žlici Prosecca
- Sol in poper po okusu

NAVODILA:

a) V srednje veliki skledi zmešajte pretlačen avokado, rdečo čebulo, paradižnik, koriander in jalapeno.

b) Vmešajte svež limetin sok in Prosecco.

c) Začinimo s soljo in poprom po okusu.

d) Postrezite s tortiljinim čipsom ali zelenjavnimi palčkami za namakanje.

25. Prosecco bruschetta

SESTAVINE:

- Bagueta, narezana
- 1 skodelica češnjevih paradižnikov, prepolovljena
- ¼ skodelice narezane rdeče čebule
- 2 žlici sesekljane sveže bazilike
- 1 žlica Prosecco kisa
- 1 žlica olivnega olja
- 1 čajna žlička medu
- Sol in poper po okusu

NAVODILA:

a) Pečico segrejte na 350°F (175°C).

b) Rezine bagete razporedimo po pekaču in jih v pečici rahlo hrustljavo popečemo.

c) V skledi zmešajte češnjeve paradižnike, rdečo čebulo, baziliko, kis Prosecco, oljčno olje, med, sol in poper.

d) Paradižnikovo zmes z žlico naložimo na popečene rezine bagete.

e) Postrezite takoj kot okusen in eleganten prigrizek.

26. Prosecco polnjene jagode

SESTAVINE:

- 1 skodelica svežih jagod
- 4 unče kremnega sira, zmehčanega
- 2 žlici sladkorja v prahu
- 1 čajna žlička pomarančne lupinice
- 1 žlica Prosecca
- Listi sveže mete za okras

NAVODILA:

a) Jagode operemo in odrežemo vrhove. Sredino vsake jagode previdno izdolbite z majhnim nožem ali žlico za melono.

b) V skledi za mešanje zmešajte zmehčan kremni sir, sladkor v prahu, pomarančno lupinico in prosecco.

c) V izdolbene jagode z žlico nadevajte mešanico kremnega sira.

d) Vsako polnjeno jagodo okrasite z lističem sveže mete.

e) Ohladite, dokler ni pripravljen za serviranje.

27. Grižljaji kumar Prosecco

SESTAVINE:

- 1 velika kumara, narezana na rezine
- 4 unče kremnega sira, zmehčanega
- 1 žlica sesekljanega svežega kopra
- 1 žlica Prosecca
- Dimljen losos (neobvezno)
- Limonina lupina za okras

NAVODILA:

a) V skledi dobro zmešajte zmehčan kremni sir, sesekljan koper in prosecco.

b) Na vsako rezino kumare namažite majhno količino mešanice kremnega sira.

c) Po želji dodamo kos dimljenega lososa.

d) Okrasite z limonino lupinico.

e) Kumarične grižljaje postrezite kot eleganten in osvežilen prigrizek.

28. Prosecco Trail Mix

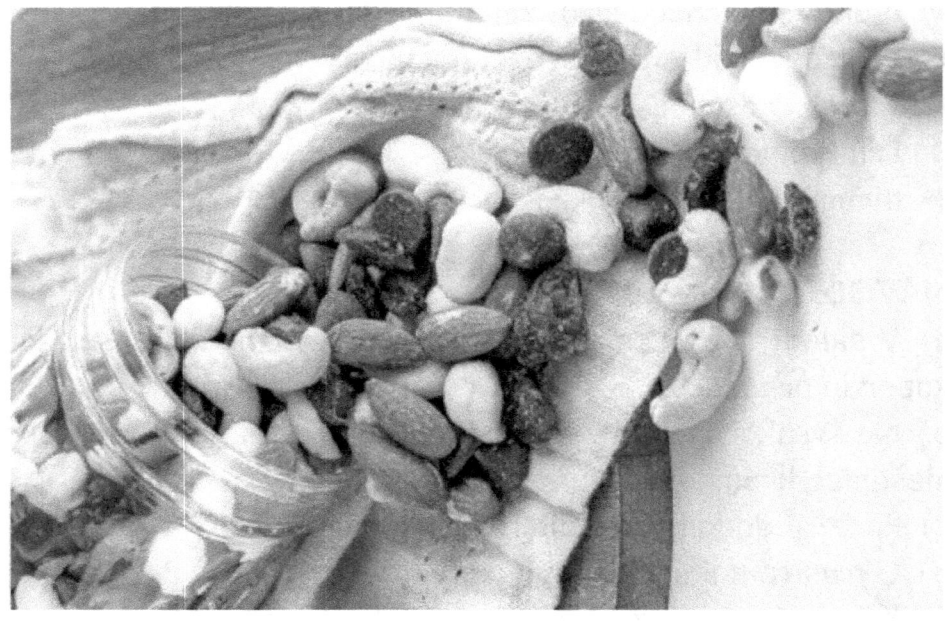

SESTAVINE:
- 1 skodelica praženih mandljev
- 1 skodelica posušenih brusnic
- 1 skodelica belih čokoladnih koščkov
- $\frac{1}{4}$ skodelice pomarančne lupinice
- 2 žlici Prosecca

NAVODILA:
a) V veliki skledi zmešajte pražene mandlje, posušene brusnice in koščke bele čokolade.
b) V ločeni majhni skledi zmešajte pomarančno lupinico in Prosecco, da ustvarite glazuro.
c) Pomarančno glazuro pokapajte po mešanici sledi in premešajte, da se enakomerno prekrije.
d) Zmes razporedite po pekaču in pustite, da se strdi.
e) Shranjujte v nepredušni posodi za okusen in razvajajoč prigrizek.

29. Energijski grižljaji Prosecco

SESTAVINE:
- 1 skodelica staromodnega ovsa
- ½ skodelice mandljevega masla
- ⅓ skodelice medu
- ¼ skodelice mletega lanenega semena
- ¼ skodelice sesekljanih suhih marelic
- ¼ skodelice sesekljanih posušenih brusnic
- ¼ skodelice naribanega kokosa
- 1 žlica pomarančne lupinice
- 2 žlici Prosecca

NAVODILA:
a) V veliki posodi za mešanje zmešajte oves, mandljevo maslo, med, mleta lanena semena, suhe marelice, suhe brusnice, nastrgan kokos in pomarančno lupinico.

b) Po mešanici pokapljajte Prosecco in mešajte, dokler se dobro ne premeša.

c) Zmes razvaljajte v majhne kroglice in jih položite na pekač, obložen s peki papirjem.

d) Energijske grižljaje hladite vsaj 30 minut, da se strdijo.

e) Energijske grižljaje shranite v hladilniku za hiter in zdrav prigrizek.

GLAVNA JED

30. Prosecco rižota s kozicami

SESTAVINE:
- 1 funt kozic, olupljenih in razrezanih
- 1 skodelica riža Arborio
- 3 skodelice zelenjavne juhe
- 1 skodelica Prosecca
- ½ skodelice naribanega parmezana
- 1 žlica masla
- 1 šalotka, drobno sesekljana
- 2 stroka česna, nasekljana
- Sol in poper po okusu
- Svež peteršilj za okras

NAVODILA:
a) V veliki ponvi na zmernem ognju stopite maslo.
b) V ponev dodajte šalotko in česen ter kuhajte, dokler se ne zmehčata.
c) Dodajte riž Arborio v ponev in premešajte, da se premaže z maslom.
d) Prilijemo prosecco in kuhamo, dokler ga riž ne vpije.
e) Postopoma dodajte zelenjavno juho, približno ½ skodelice na uro, nenehno mešajte, dokler se vsak dodatek ne absorbira, preden dodate več.
f) Nadaljujte s tem postopkom, dokler riž ni kuhan al dente in ima kremasto konsistenco.
g) Primešamo nariban parmezan in po okusu začinimo s soljo in poprom.
h) V ločeni ponvi skuhajte kozico, dokler ni rožnata in kuhana.
i) Rižoto Prosecco postrezite v skledicah, obloženo s kuhanimi kozicami in okrašeno s svežim peteršiljem.

31. Prosecco piščanec Piccata

SESTAVINE:
- 4 piščančje prsi brez kosti in kože
- ½ skodelice večnamenske moke
- Sol in poper po okusu
- 2 žlici olivnega olja
- 2 stroka česna, nasekljana
- ½ skodelice Prosecco
- ½ skodelice piščančje juhe
- 2 žlici kaper
- Sok 1 limone
- 2 žlici masla
- Svež peteršilj za okras

NAVODILA:
a) Piščančje prsi začinite s soljo in poprom.
b) V plitvi posodi zmešajte moko s soljo in poprom.
c) Piščančje prsi potopite v mešanico moke in otresite odvečno količino.
d) V veliki ponvi na srednjem ognju segrejte olivno olje.
e) Dodajte piščančje prsi v ponev in kuhajte, dokler niso zlato rjave na obeh straneh in pečene.
f) Odstranite piščanca iz ponve in ga postavite na stran.
g) V isto ponev dodajte sesekljan česen in kuhajte približno 1 minuto.
h) Prilijemo prosecco in piščančjo juho ter postrgamo po dnu ponve, da zrahljamo morebitne zapečene koščke.
i) Primešamo kapre in limonin sok.
j) Omako zavremo in kuhamo nekaj minut, da se zreducira in nekoliko zgosti.
k) Mešajte maslo, dokler se ne stopi in vključi v omako.
l) Piščančje prsi vrnite v ponev in jih premažite z omako.

m) Okrasite s svežim peteršiljem in postrezite Prosecco piščančjo pikato s prilogo po izbiri.

32. Losos s popečenimi semeni in prošekom

SESTAVINE:
- 4 fileje lososa
- Sol in poper, dva okusa
- 2 žlici olivnega olja
- 2 žlici mešanih semen (kot so sezamovo, bučno ali sončnično)
- 1 skodelica Prosecca ali katerega koli penečega belega vina
- 1 skodelica težke smetane
- 2 žlici svežega kopra, sesekljanega
- 1 limona, narezana (za okras)

NAVODILA:
a) Lososove fileje na obeh straneh posolimo in popopramo.
b) V veliki ponvi na srednjem ognju segrejte olivno olje. Dodajte fileje lososa s kožo navzdol in kuhajte približno 4-5 minut, dokler koža ni hrustljava in porjavela. Fileje obrnite in kuhajte še 3-4 minute ali dokler ni losos pečen do želene stopnje pečenosti. Odstranite lososa iz ponve in ga postavite na stran.
c) V isto ponev dodajte zmešana semena in jih pražite na zmernem ognju približno 2-3 minute, dokler ne zadišijo in rahlo zlato porjavijo. Odstranite semena iz ponve in jih postavite na stran.
d) Deglazirajte ponev tako, da dodate Prosecco in postrgate po dnu ponve, da zrahljate morebitne zapečene koščke. Pustite, da Prosecco vre nekaj minut, dokler se nekoliko ne zreducira.
e) Vmešajte smetano in omako še naprej dušite približno 5 minut, dokler se rahlo ne zgosti. Začinimo s soljo in poprom po okusu.

f) Fileje lososa vrnite v ponev in jih kuhajte še 2-3 minute, da se segrejejo in absorbirajo nekaj omake.

g) Po lososovih filejih potresemo opečena semena in sesekljan koper.

h) Lososa z omako Prosecco postrežemo na posamezne krožnike. Okrasite z rezinami limone.

i) Uživajte v okusnem lososu s popečenimi semeni in omako Prosecco!

33. Testenine Prosecco Bolognese

SESTAVINE:
- 1 funt mlete govedine
- 1 čebula, drobno sesekljana
- 2 stroka česna, nasekljana
- ½ skodelice Prosecco
- 1 pločevinka (14 unč) zdrobljenega paradižnika
- ¼ skodelice paradižnikove paste
- 1 čajna žlička posušenega origana
- 1 čajna žlička posušene bazilike
- Sol in poper po okusu
- ¼ skodelice težke smetane
- Kuhane testenine po vaši izbiri (kot so špageti ali fetučini)
- Nariban parmezan za serviranje
- Listi sveže bazilike za okras

NAVODILA:
a) V veliki ponvi na zmernem ognju kuhajte mleto govedino, dokler ne porjavi.
b) V ponev dodajte sesekljano čebulo in sesekljan česen ter kuhajte, dokler se ne zmehčata.
c) Prilijemo prosecco in kuhamo nekaj minut, da alkohol izhlapi.
d) Vmešajte zdrobljen paradižnik, paradižnikovo pasto, posušen origano in posušeno baziliko.
e) Začinimo s soljo in poprom po okusu.
f) Omako dušimo približno 20-30 minut, da se okusi razvijejo.
g) Vmešajte smetano in kuhajte še 5 minut.
h) Omako Prosecco Bolognese postrezite čez kuhane testenine.

i) Potresemo z naribanim parmezanom in okrasimo z listi sveže bazilike.

34. Gobova rižota Prosecco

SESTAVINE:

- 1 skodelica riža Arborio
- 4 skodelice zelenjavne juhe
- 1 skodelica Prosecca
- 2 žlici olivnega olja
- 1 čebula, drobno sesekljana
- 8 unč gob, narezanih
- 2 stroka česna, nasekljana
- ¼ skodelice naribanega parmezana
- Sol in poper po okusu
- Svež peteršilj za okras

NAVODILA:

a) V ponvi segrejte zelenjavno juho in Prosecco na zmernem ognju, dokler ni vroča.

b) V ločeni veliki ponvi na srednjem ognju segrejte oljčno olje.

c) V ponev dodamo sesekljano čebulo in kuhamo, dokler se ne zmehča.

d) Vmešajte narezane gobe in sesekljan česen ter kuhajte, dokler se gobe ne zmehčajo in rahlo porjavijo.

e) Dodajte riž Arborio v ponev in premešajte, da se zrna prekrijejo z mešanico gob.

f) Postopoma dodajte mešanico vroče zelenjavne juhe, približno ½ skodelice naenkrat, nenehno mešajte, dokler se vsak dodatek ne absorbira, preden dodate več.

g) Nadaljujte s tem postopkom, dokler riž ni kuhan al dente in ima kremasto konsistenco.

h) Primešamo nariban parmezan in po okusu začinimo s soljo in poprom.

i) Okrasite s svežim peteršiljem in gobovo rižoto Prosecco postrezite kot odlično glavno jed.

35. Piščanec s Pomodoro in Prosecco omako

SESTAVINE:
- 4 piščančje prsi brez kosti in kože
- Sol in poper, dva okusa
- 2 žlici olivnega olja
- 1 majhna čebula, drobno sesekljana
- 3 stroki česna, sesekljani
- 1 pločevinka (14 unč) narezanega paradižnika
- ½ skodelice Prosecca ali katerega koli penečega belega vina
- ¼ skodelice paradižnikove paste
- 1 čajna žlička posušene bazilike
- 1 čajna žlička posušenega origana
- ½ čajne žličke sladkorja
- ¼ čajne žličke kosmičev rdeče paprike (neobvezno, za malo toplote)
- Listi sveže bazilike, za okras
- Nariban parmezan, za serviranje

NAVODILA:
a) Piščančje prsi na obeh straneh začinite s soljo in poprom.

b) V veliki ponvi na srednje močnem ognju segrejte olivno olje. Dodajte piščančje prsi in kuhajte približno 5-6 minut na vsaki strani, dokler ne porjavijo in se skuhajo. Odstranite piščanca iz ponve in ga postavite na stran.

c) V isto ponev dodamo sesekljano čebulo in česen. Pražimo 2-3 minute, dokler čebula ne postekleni in česen zadiši.

d) V ponev dodajte narezan paradižnik, prosecco, paradižnikovo pasto, posušeno baziliko, posušen origano, sladkor in kosmiče rdeče paprike (če jih uporabljate). Dobro premešamo, da se vse sestavine povežejo.

e) Zmanjšajte ogenj na nizko in omako kuhajte približno 10-15 minut, da se okusi prepojijo in omaka rahlo zgosti. Po potrebi dodatno začinite s soljo in poprom.

f) Kuhane piščančje prsi vrnite v ponev in jih vgnezdite v omako. Nekaj omake prelijte po piščancu.

g) Piščanca v omaki dušite še 5 minut oziroma dokler se piščanec ne segreje.

h) Piščanca okrasite z listi sveže bazilike in potresite z naribanim parmezanom.

i) Piščanca postrezite z omako Pomodoro in Prosecco na testeninah, rižu ali s hrustljavim kruhom ob strani.

36. Prosecco dušena goveja kratka rebra

SESTAVINE:

- 4 goveja kratka rebra
- Sol in poper po okusu
- 2 žlici olivnega olja
- 1 čebula, sesekljana
- 2 korenčka, sesekljana
- 2 stebli zelene, sesekljani
- 4 stroki česna, sesekljani
- 2 skodelici Prosecca
- 2 skodelici goveje juhe
- 2 vejici svežega timijana
- 2 vejici svežega rožmarina
- 1 lovorjev list
- Svež peteršilj za okras

NAVODILA:

a) Pečico segrejte na 325 °F (163 °C).
b) Goveja rebra začinimo s soljo in poprom.
c) V veliki nizozemski pečici ali loncu, primernem za pečico, segrejte oljčno olje na srednje močnem ognju.
d) Kratka rebra zapečemo z vseh strani, nato jih vzamemo iz lonca in odstavimo.
e) V isti lonec dodamo sesekljano čebulo, korenje, zeleno in sesekljan česen.
f) Zelenjavo kuhamo toliko časa, da se zmehča in rahlo karamelizira.
g) Prilijemo prosecco in govejo juho ter tekočino zavremo.
h) Popečena rebra dodajte nazaj v lonec, skupaj z vejicami svežega timijana, rožmarina in lovorovega lista.
i) Lonec pokrijemo s pokrovom in ga prestavimo v segreto pečico.

j) Kratka rebra dušite v pečici približno 2-3 ure ali dokler se meso ne zmehča in ne odstopi od kosti.
k) Lonec vzamemo iz pečice in s površine posnamemo odvečno maščobo.
l) Dušena goveja rebra Prosecco postrezite s tekočino za dušenje in okrasite s svežim peteršiljem.

37. Prosecco mariniran piščanec na žaru

SESTAVINE:
- 4 piščančje prsi brez kosti in kože
- 1 skodelica Prosecca
- ¼ skodelice olivnega olja
- Sok 1 limone
- 2 stroka česna, nasekljana
- 1 žlica sesekljanih svežih zelišč (kot so rožmarin, timijan ali peteršilj)
- Sol in poper po okusu
- Limonine rezine za serviranje
- Sveža zelišča za okras

NAVODILA:
a) V skledi zmešajte prosecco, olivno olje, limonin sok, sesekljan česen, sesekljana sveža zelišča, sol in poper.
b) Piščančje prsi položite v plastično vrečko, ki jo je mogoče zapreti, ali plitko posodo in jih prelijte z marinado Prosecco.
c) Zaprite vrečko ali posodo pokrijte in postavite v hladilnik vsaj 1 uro ali čez noč za najboljši okus.
d) Žar segrejte na srednje visoko temperaturo.
e) Odstranite piščančje prsi iz marinade in pustite, da odvečna marinada odteče.
f) Piščanca pecite na žaru približno 6-8 minut na vsako stran ali dokler ni pečen in v sredini ni več rožnat.
g) Piščanca odstranimo z žara in pustimo počivati nekaj minut.
h) Prosecco mariniranega piščanca na žaru postrezite z rezinami limone in okrasite s svežimi zelišči.

SLADICA

38. Prosecco torta

SESTAVINE:
ZA TORTO:
- 2 ½ skodelice večnamenske moke
- 2 ½ čajne žličke pecilnega praška
- ½ čajne žličke soli
- 1 skodelica nesoljenega masla, zmehčanega
- 2 skodelici granuliranega sladkorja
- 4 velika jajca
- 1 čajna žlička vanilijevega ekstrakta
- 1 skodelica Prosecca (peneče vino)
- ¼ skodelice mleka

ZA PROSECCO MASLENO GLAZURO:
- 1 ½ skodelice nesoljenega masla, zmehčanega
- 4 skodelice sladkorja v prahu
- ¼ skodelice Prosecca (peneče vino)
- 1 čajna žlička vanilijevega ekstrakta

NEOBVEZNI OKRAS:
- Užitni biseri
- Sveže jagode
- Peneči sladkor

NAVODILA:
ZA TORTO:
a) Pečico segrejte na 180 °C (350 °F) ter namastite in pomokajte dva 9-palčna okrogla pekača za torte.

b) V srednji skledi zmešajte moko, pecilni prašek in sol. Dati na stran.

c) V veliki posodi za mešanje zmešajte zmehčano maslo in granulirani sladkor, dokler ne postane svetlo in puhasto.

d) Dodajte jajca, enega za drugim, po vsakem dodajanju dobro stepite. Vmešajte vanilijev ekstrakt.

e) Masleni mešanici postopoma dodajajte suhe sestavine, izmenično s proseccom, začnite in končajte s suhimi sestavinami. Mešajte, dokler se le ne združi.
f) Vmešajte mleko in mešajte, dokler testo ni gladko.
g) Testo enakomerno porazdelite med pripravljene pekače za torte, vrhove zgladite z lopatko.
h) Pecite v predhodno ogreti pečici približno 25-30 minut oziroma dokler zobotrebec, ki ga zapičite v sredino kolačkov, ne izstopi čist.
i) Kolač vzamemo iz pečice in pustimo, da se 10 minut ohladi v pekačih. Nato jih prestavite na rešetko, da se popolnoma ohladijo.

ZA PROSECCO MASLENO GLAZURO:
j) V veliki posodi za mešanje stepite zmehčano maslo, da postane kremasto in gladko.
k) Postopoma dodajajte sladkor v prahu, eno skodelico naenkrat, po vsakem dodajanju dobro stepajte.
l) Vmešajte Prosecco in vanilijev ekstrakt ter nadaljujte s stepanjem, dokler glazura ni rahla in puhasta.

SESTAVLJANJE:
m) Eno plast torte položite na servirni krožnik ali stojalo za torte. Po vrhu enakomerno razporedite izdatno količino glazure iz maslene smetane Prosecco.
n) Na vrh položite drugo plast torte in celotno torto premažite s preostalo glazuro Prosecco maslene kreme, pri čemer uporabite lopatico ali gladilec za torto, da ustvarite gladko površino.
o) Izbirno: okrasite torto z užitnimi biseri, svežimi jagodami ali posipom penečega sladkorja za dodatno eleganco in vizualno privlačnost.

p) Narežite in postrezite torto Prosecco ter uživajte v nežnih okusih in slavnostnem pridihu Prosecca.

39. Prosecco sirni fondue

SESTAVINE:

- 1 skodelica naribanega sira Gruyere
- 1 skodelica naribanega ementalca
- 1 žlica koruznega škroba
- 1 skodelica Prosecca
- 1 strok česna, mlet
- 1 žlica limoninega soka
- Sveže mleti črni poper
- Različne kocke (kot so kruhove kocke, jabolčne rezine ali zelenjava)

NAVODILA:

a) V skledo stresite nariban sir Gruyere in ementalec s koruznim škrobom, dokler ni prevlečen.

b) V loncu za fondi ali ponvi segrejte Prosecco na zmernem ognju, dokler ni vroč, vendar ne zavre.

c) Postopoma dodajte mešanico naribanega sira v vroč Prosecco in nenehno mešajte, dokler se ne stopi in postane gladka.

d) Vmešajte sesekljan česen in limonin sok.

e) Po okusu začinimo s sveže mletim črnim poprom.

f) Sirni fondi Prosecco prenesite v lonec za fondi, da ostane topel.

g) Za zabaven in interaktiven prigrizek, prežet s proseccom, postrezite z izbranimi pomačkami.

40. Prosecco Granita

SESTAVINE:
- 2 skodelici Prosecca
- ¼ skodelice sladkorja
- Sok 1 limone
- Listi sveže mete za okras

NAVODILA:
a) V kozici na zmernem ognju segrevajte prosecco in sladkor, dokler se sladkor ne raztopi.
b) Odstavite ponev z ognja in vmešajte limonin sok.
c) Mešanico Prosecco nalijte v plitvo posodo, primerno za zamrzovanje.
d) Posodo postavimo v zamrzovalnik in pustimo stati približno 1 uro.
e) Po 1 uri z vilicami postrgajte in razrahljajte delno zamrznjeno zmes.
f) Posodo vrnite v zamrzovalnik in ponavljajte postopek strganja vsakih 30 minut približno 3-4 ure, dokler granita ne dobi puhaste in ledene teksture.
g) Prosecco granito postrezite v desertnih skledicah ali kozarcih, okrašenih z listi sveže mete za hladno in osvežilno poslastico.

41. Breskev in prosecco Pavlova

SESTAVINE:

- 4 beljaki
- 1 skodelica sladkorja v prahu
- 1 čajna žlička belega kisa
- 1 čajna žlička koruznega škroba
- 1 skodelica stepene smetane
- 2 zreli breskvi, narezani na rezine
- ½ skodelice Prosecco

NAVODILA:

a) Pečico segrejte na 300°F (150°C). Pekač obložite s peki papirjem.
b) Beljake stepamo v trd sneg. Postopoma dodajajte sladkor, eno žlico naenkrat, po vsakem dodajanju dobro stepajte.
c) Dodajte kis in koruzni škrob ter stepajte, dokler se le ne združita.
d) Mešanico z žlico nanesite na pripravljen pekač, da oblikujete 8-palčni (20-cm) krog.
e) Z lopatico naredite vdolbino v središču pavlove.
f) Pecite 1 uro oziroma dokler pavlova ni hrustljava zunaj in mehka znotraj.
g) Rahlo popolnoma ohladimo.
h) Pavlovo namažemo s stepeno smetano. Dodamo narezane breskve in pokapljamo s proseccom.

42. Panna cotta iz šampanjca z jagodami

SESTAVINE:
VANILIJA PANNA COTTA
- 1 ¼ skodelice pol in pol
- 1 ¾ skodelice težke smetane
- 2 čajni žlički želatine brez okusa
- 45 gramov granuliranega sladkorja
- Ščepec soli
- 1 ½ čajne žličke vanilijevega ekstrakta

PENEČE SE ŽELE
- 2 skodelici šampanjca, prosecca ali penečega vina
- 2 žlički želatine
- 4 žličke granuliranega sladkorja

NAVODILA:
VANILIJA PANNA COTTA
a) V majhno skodelico dajte 2 žlici pol in pol in po vrhu enakomerno potresite želatino, da nabrekne.

b) Preostanek mleka, sladkor in sol damo v ponev na majhen ogenj, vendar ne pustimo, da zavre. Če se, ga takoj odstranite z ognja. Nenehno pazite nanj, saj lahko zelo hitro prekipi.

c) Mešajte, dokler se sladkor popolnoma ne raztopi.

d) Dodamo smetano in mešamo, dokler se popolnoma ne premeša.

e) Vmešajte nacveteno želatino. Ne pustite, da zavre.

f) Odstranite toploto.

g) Dodajte vanilijev ekstrakt.

h) Nežno mešajte, dokler se mešanica ne segreje na sobno temperaturo.

i) Mešanico nalijte v kozarce za streljanje ali visoke kozarce. Preden natočite v vsak nov kozarec, mešanico nežno premešajte, da se ne loči.

j) Postavite v nepredušno posodo v hladilnik, da se strdi, preden na vrh dodate žele iz šampanjca. Približno 2-4 ure.

PENEČE SE ŽELE

k) V skodelico damo 2 žlici penine, po vrhu pa potresemo želatino, da nabrekne.

l) V manjšo ponev dajte sladkor in Prosecco ter segrevajte na majhnem ognju.

m) Ko se sladkor raztopi, med stepanjem dodamo nacveteno želatino. Ne pustite, da zavre.

n) Ko se ohladi na sobno temperaturo. Na vrh prelijemo nastavljeno panakoto. Mešanico nežno premešajte, preden jo vlijete v vsak kozarec.

o) Ko se žele strdi, tik pred serviranjem na vrh nežno položite nekaj jagodičja po vaši izbiri. Preostanek kozarca napolnite s šampanjcem. Kozarec zavrtite, da iz njega izstopijo sokovi jagod. Kozarec bo zdaj imel tri različne barvne plasti.

43. Sorbet jagodnega šampanjca

SESTAVINE:

- 4 skodelice svežih jagod, opranih in oluščenih
- 1 ½ skodelice šampanjca ali prosecca
- ⅓ skodelice granuliranega sladkorja

NAVODILA:

a) Dodajte vse sestavine v mešalnik in mešajte do gladkega.

b) Mešanico prenesite v aparat za sladoled in stepite po navodilih proizvajalca.

c) Pojejte takoj ali prenesite v zamrzovalno posodo, da se ohladi, dokler ni čvrsta.

44. Sadna pašteta jagoda in prosecco

SESTAVINE:
- 2 skodelici granuliranega sladkorja
- ¾ skodelice jagodnega pireja
- 1-¼ skodelice nesladkane jabolčne kaše
- 1 čajna žlička limoninega soka
- 4 čajne žličke pektina v prahu
- 4-½ žličke prosecca

NAVODILA:
a) Kvadratni pekač velikosti 8 x 8 palcev obložite z dvema prekrižanima kosoma pergamentnega papirja. Zdi se mi koristno uporabiti ščipalke za perilo, da papir ostane na mestu.
b) V globokem 3-litrskem loncu zmešajte sladkor, jagodni pire, jabolčno omako, limonin sok in pektin.
c) Na zmernem ognju zavrite in pogosto mešajte s toplotno odporno lopatico ali leseno žlico.
d) Ko se mešanica kuha približno 10 minut, previdno pritrdite termometer za sladkarije. Na tej točki boste želeli nenehno mešati, da se dno ponve ne zažge.
e) Kuhajte, dokler termometer ne doseže 225 F. Ugasnite ogenj in vmešajte rdeče vino.
f) Ugasnite ogenj in vmešajte rdeče vino, nato pa sirup takoj vlijte v pripravljeno ponev.
g) Pustite stati 4-8 ur, dokler ne vidite.
h) Desko za rezanje izdatno potresite z granuliranim sladkorjem in nato na desko za rezanje obrnite sadno pašteto.
i) Nežno odlepite pergamentni papir. Lepljivo bo, zato delajte z enega vogala in lupite počasi.

j) Z velikim ostrim nožem narežite sladkarije na 1-palčne trakove in nato na 1-palčne kose. Med rezi boste morali nož oprati in posušiti.
k) Sadne kvadrate potresemo v več sladkorja.
l) Shranjujte v nepredušni posodi s pergamentom med plastmi.

45. Prosecco Vodka Grozdje

SESTAVINE:

- 16 unč rdečega grozdja brez pečk
- 16 unč zelenega grozdja brez pečk
- 750 ml prosecca
- 6 unč vodke
- ⅓ skodelice granuliranega sladkorja

NAVODILA:

a) Grozdje operemo in osušimo, nato dodamo v veliko skledo.

b) Grozdne jagode prelijemo s proseccom in vodko ter pustimo čez noč v hladilniku.

c) Precedite in rahlo popivnajte grozdje s papirnato brisačo, tako da ostane na pari. Opomba: če pekač obložite s papirnatimi brisačami in jih zibate naprej in nazaj, je hiter način, da jih rahlo posušite.

d) V enakomernem sloju razporedimo po pekaču in potresemo s sladkorjem. Nežno premešajte, da se nanese.

46. Med, prepojen s proseccom

SESTAVINE:

- 4 zrele breskve, olupljene, razkoščičene in narezane na rezine
- 1 žlica sladkorja
- 1 skodelica Prosecca ali katerega koli penečega belega vina
- Listi sveže mete za okras (neobvezno)
- Vaniljev sladoled ali stepena smetana (neobvezno)

NAVODILA:

a) V skledi zmešajte narezane breskve, sladkor in prosecco. Nežno premešajte, da se breskve enakomerno prekrijejo. Mešanico pustite stati približno 10-15 minut, da se okusi prepojijo.

b) Mešanico breskev in Prosecca razdelite v servirne sklede ali desertne kozarce.

c) Po želji breskve prelijemo s kepico vanilijevega sladoleda ali kepico stepene smetane.

d) Po želji okrasite z listi sveže mete.

e) Sladico Breskve in Prosecco postrezite takoj in uživajte v čudoviti kombinaciji okusov.

47. Roza Prosecco gumijasti medvedek str

SESTAVINE:
- 200 ml Prosecca
- 100 g sladkorja
- Dovolj želatine, da strdi približno petkrat več tekočine, kot jo imate

NAVODILA:
a) Prosecco in sladkor stresemo v ponev in ju rahlo segrevamo na majhnem ognju, dokler se sladkor ne raztopi.
b) V ponev postopoma dodajte želatino v prahu in med nenehnim mešanjem zelo, zelo počasi segrevajte tekočino, medtem ko se sladkor in želatina stopita v Prosecco - počasneje kot mešanico segrevate, več šumenja boste čutili v končnih gumijastih medvedkih. .
c) Ko se vse raztopi, ponev odstavite z ognja in v ponev dodajte nekaj kapljic rožnate jedilne barve. Mešajte, dokler tekočina ni rožnata - naredil sem eno serijo s tem in eno brez in serija z barvo za živila je bila videti veliko bolje iz neznanega razloga.
d) Nato lahko začnete polniti modelčke za gumijaste medvedke, kar je lažje reči kot storiti, če niste dobili modelčkov, ki so priloženi brizgi, saj so tako majhni in se zlahka prelijejo, če vlivate tekočino. Ugotovil sem, da je najboljši način za to, da uporabim svoje merilne žličke - najmanjša je popolna za polnjenje kalupov.
e) Pustite stati v hladilniku nekaj ur – najbolje čez noč.

48. Sadna solata Mimoza

SESTAVINE:

- 3 kivije, olupljene in narezane
- 1 skodelica robid
- 1 skodelica borovnic
- 1 skodelica jagod, narezana na četrtine
- 1 skodelica ananasa, narezanega na majhne koščke
- 1 skodelica prosecca, ohlajeno
- ½ skodelice sveže iztisnjenega pomarančnega soka
- 1 žlica medu
- ½ skodelice sveže mete

NAVODILA:
a) V veliki skledi zmešajte vse sadje.
b) Sadje prelijemo s proseccom, pomarančnim sokom in medom ter previdno premešamo.
c) Okrasite z meto in postrezite.

49. Prosecco Macarons

SESTAVINE:
ZA NADEV:
- ½ skodelice težke smetane, razdeljeno
- ½ skodelice Prosecco
- 2 žlici koruznega škroba
- 2 žlici granuliranega sladkorja
- 1 celo jajce
- 2 rumenjaka
- 2 žlici nesoljenega masla
- 1 čajna žlička vanilijevega ekstrakta

ZA MAKARONOVE ŠKOLJKE:
- 100 gramov mandljeve moke
- 1 skodelica sladkorja v prahu
- lupina ene pomaranče
- 3 beljaki
- ⅛ čajne žličke vinskega kamna
- ¼ skodelice + 2 žlički najfinejšega sladkorja
- Rožnato rožnata in limonino rumena gel pasta barvilo za živila (neobvezno)

NAVODILA:
NAREDITE NADEV:
a) V skledi zmešajte ¼ skodelice smetane s koruznim škrobom, rumenjaki in celim jajcem; dati na stran.

b) V majhni kozici zmešajte preostalo smetano, prosecco in granulirani sladkor ter postavite na srednji ogenj.

c) Ko zmes začne vreti, jo tretjino dodajte jajčni zmesi in močno mešajte.

d) Segreto jajčno zmes vlijemo nazaj v ponev in kuhamo na majhnem ognju, dokler se ne zgosti.

e) Odstranite z ognja in vmešajte nesoljeno maslo in vanilijev ekstrakt.

f) Mešanico precedite skozi cedilo s finimi mrežicami v toplotno varno skledo, pokrijte površino s plastično folijo in ohladite v hladilniku.

NAREDITE MAKARONOVE ŠKOLJKE:

g) Mandljevo moko in sladkor v prahu presejte skupaj, vse velike koščke zavrzite in mešanici dodajte pomarančno lupinico.

h) V ločeni skledi penasto stepemo beljake, nato dodamo vinsko kremo in stepamo do mehkih vrhov.

i) Med nadaljnjim stepanjem beljakov počasi dodajamo fini sladkor.

j) Po želji mešanico obarvajte z rožnato rožnato in limonino rumeno gelno pasto za živila.

k) Zmes stepamo, dokler ne dosežemo čvrstih vrhov.

l) Mandljevo mešanico nežno vmešajte v stepene beljake, dokler testo ne pada z lopatice v obliki dolgega traku.

m) Testo prenesite v cevno vrečko, opremljeno z majhno okroglo konico, in na pekač, obložen s pergamentom, nalepite kroge premera enega palca.

n) Pečico segrejte na 375 stopinj F (190 stopinj C).

o) Pustite, da se lupine makaronov posušijo in oblikujejo tanko membrano/kožo približno 20-30 minut.

p) Zmanjšajte temperaturo pečice na 325 stopinj F (163 stopinj C) in pecite lupine makaronov 12-15 minut.

q) Školjke ohladimo na pekaču.

SESTAVITE MAKARONSE:

r) Ko so školjke ohlajene, na polovico školjk nanesite približno dve čajni žlički ohlajenega nadeva.

s) Sendvič nadeva s preostalimi lupinami.

50. Prosecco sladoled

SESTAVINE:
- 2 skodelici + 2 žlici polnomastnega mleka
- 1 ¼ skodelice težke smetane
- 2 žlici koruznega sirupa
- ½ skodelice belega granuliranega sladkorja
- 1 čajna žlička košer soli
- 1 ½ žlice koruznega škroba
- 1 čajna žlička vanilijevega ekstrakta
- ½ čajne žličke pomarančnega izvlečka
- 2 žlici pomarančne lupinice
- ⅓ skodelice Prosecco

NAVODILA:
a) V 4-litrski ponvi zmešajte 2 skodelici mleka, smetano, koruzni sirup, sladkor in sol. Na srednjem ognju zavremo. Pozorno opazujte in pogosto stepajte.

b) V ločeni skledi zmešajte koruzni škrob in 2 prihranjeni žlici mleka, dokler ni gladka. Nastavite ob ponvi.

c) Ko zmes počasi zavre, mešajte, da zagotovite, da se ves sladkor raztopi. Pustite, da mešanica počasi vre 2 minuti. Nato odstranite z ognja in vmešajte mešanico koruznega škroba. Vrnite se na ogenj in mešajte, dokler zmes ne začne brbotati.

d) Odstranite z ognja in vmešajte vanilijo, pomarančni ekstrakt in pomarančno lupinico. Pustite, da se ohladi na sobno temperaturo, približno 20 minut. Nato prelijte v nepredušno posodo skozi cedilo, da odstranite morebitne grudice in lupino.

e) Hladite vsaj 6 ur.

f) Ko se sladoledna osnova ohladi, jo vzamemo iz hladilnika in vlijemo v aparat za sladoled. Na vrh sladoledne osnove dodamo Prosecco .

g) Sledite navodilom proizvajalca, saj se lahko razlikujejo glede na proizvajalca . Vstavite lopatico in stepite, dokler ni gosta. Z nastavkom za sladoled KitchenAid to traja približno 25-30 minut.

h) Ko se sladoled strdi, ga dajte v nepredušno zamrzovalno posodo. Zamrznite za 4-6 ur, preden uživate, da zagotovite dobro gostoto.

51. Prosecco sadna solata

SESTAVINE:

- 3 kivije, olupljene in narezane
- 1 skodelica robid
- 1 skodelica borovnic
- 1 skodelica jagod, narezana na četrtine
- 1 skodelica ananasa, narezanega na majhne koščke
- 1 skodelica prosecca, ohlajeno
- ½ skodelice sveže iztisnjenega pomarančnega soka
- 1 žlica medu
- ½ skodelice sveže mete

NAVODILA:

d) V veliki skledi zmešajte vse sadje.

e) Sadje prelijemo s proseccom, pomarančnim sokom in medom ter previdno premešamo.

f) Okrasite z meto in postrezite.

52. Brusnično-Prosecco torta za zajtrk

SESTAVINE:
- Sprej za kuhanje
- 1 skodelica (2 palčki) nesoljenega masla, zmehčanega
- 1 ¾ skodelice (350 g) granuliranega sladkorja, razdeljeno, plus več za serviranje
- 2 žlici drobno naribane pomarančne lupinice
- 2 veliki jajci
- 2 velika rumenjaka
- 4 skodelice (480 g) moke za torte
- 2 ½ čajne žličke pecilnega praška
- 1 čajna žlička košer soli
- ½ čajne žličke sode bikarbone
- 1 skodelica svežega pomarančnega soka (iz približno 2 velikih pomaranč)
- ½ skodelice navadnega grškega jogurta
- ½ skodelice brut Prosecco
- 12 unč svežih ali zamrznjenih brusnic (približno 3 skodelice), razdeljeno

navodila:
a) Pečico segrejte na 350°F (175°C). Pekač 13"x 9" namastite s pršilom za kuhanje. Pekač obložite s pergamentnim papirjem, tako da na obeh dolgih straneh pustite 2" previs, nato pa pergament namastite s pršilom za kuhanje.
b) V veliki skledi stoječega mešalnika, opremljenega z nastavkom za lopatico (ali v veliki skledi z ročnim mešalnikom), stepajte zmehčano maslo in 1 ½ skodelice granuliranega sladkorja na srednje visoki hitrosti, dokler ne postane rahlo in puhasto, približno 5 minut. Po potrebi postrgajte po straneh posode. Dodajte 1 žlico pomarančne

lupinice in stepajte na srednje nizki hitrosti, dokler se ne združi. Dodajte jajca in rumenjake, enega za drugim, in po vsakem dodatku stepajte, da se premešajo.

c) V srednji skledi zmešajte moko za torte, pecilni prašek, košer sol in sodo bikarbono. Masleni mešanici dodajte polovico suhih sestavin in stepajte pri nizki hitrosti, dokler se ne združijo. Dodajte svež pomarančni sok in grški jogurt ter stepajte na srednji hitrosti, dokler se ne vlije večina tekočine. Dodajte brut Prosecco in preostale suhe sestavine ter stepajte pri nizki hitrosti, dokler se le ne vključi; v redu je, če je nekaj majhnih grudic. Postrgajte dno posode, da zagotovite, da ni suhih mest. Zložite 2 skodelici brusnic.

d) Testo vlijemo v pripravljen pekač in po vrhu potresemo preostalo 1 skodelico brusnic. V majhni skledi zmešajte $\frac{1}{4}$ skodelice sladkorja in 1 žlico pomarančne lupinice. To mešanico potresemo po vrhu testa.

e) Pecite torto, dokler ni zlato rjava in tester, vstavljen v sredino, ne postane čist, približno 50 do 55 minut.

f) Pustite, da se torta ohladi, nato pa jo pred serviranjem potresite še s sladkorjem in pomarančno lupinico.

53. Klasična prosecco torta

SESTAVINE:
BISKVITI:
- 1 ¼ skodelice (250 g) sladkorja
- 1 ¼ skodelice (140 g) večnamenske moke (00)
- ¾ skodelice (120 g) krompirjevega škroba
- 8 jajc, pri sobni temperaturi
- 2 stroka vanilije
- 1 ščepec fine soli

SLIŠČARSKA KREMA (ZA 30 unč / 850 G):
- 5 rumenjakov
- 1 skodelica (175 g) sladkorja
- 2 skodelici (500 ml) polnomastnega mleka
- ½ skodelice (125 ml) težke smetane
- 7 žlic (55 g) koruznega škroba
- 1 vanilijev strok

CHANTILLY KREMA:
- ½ skodelice (100 ml) težke smetane
- 2 ½ žlici (10 g) sladkorja v prahu

LIKER SIRUP:
- 0,6 skodelice (130 g) vode
- 0,3 skodelice (75 g) sladkorja
- 0,3 skodelice (70 g) likerja Grand Marnier
- Okrasiti:
- Sladkor v prahu (dva okusa)

NAVODILA:
PRIPRAVA BISKVITA:
a) Pečico segrejte na 325 °F (160 °C) v statičnem načinu. Namastite in pomokajte dva pekača za torte s premerom 8" (20 cm).

b) V stojnem mešalniku razbijemo jajca, dodamo semena strokov vanilije in ščepec soli ter počasi dodajamo sladkor. Stepajte na zmerni hitrosti približno 15 minut, dokler se jajca ne potrojijo in postanejo tekoča in kremasta.
c) Skupaj presejemo moko in krompirjev škrob. Prašek z lopatko z gibi navzgor nežno vmešajte v jajčno zmes, dokler ni homogena.
d) Testo enakomerno porazdelite med oba pekača za torte. Pečemo v predhodno ogreti pečici na spodnji rešetki približno 50 minut oziroma toliko časa, da zobotrebec izstopi čist.
e) Pustite, da se torte popolnoma ohladijo v pekačih, preden jih odstranite. Nato prenesite na hladilno stojalo, da se ohladi.
f) Priprava diplomatske kreme:
g) Za slaščičarsko kremo v ponvi segrejte mleko, smetano in strok vanilije (razcepite) skoraj do vrenja.
h) V ločeni skledi penasto stepemo rumenjake s sladkorjem in vanilijevimi semeni. V zmes presejemo koruzni škrob in premešamo.
i) Iz mlečne zmesi odstranimo strok vanilije in v rumenjakovo zmes počasi vlijemo eno zajemalko vročega mleka ter mešamo z metlico, da se raztopi.
j) Vse skupaj vlijemo nazaj v ponev z vročim mlekom in ob stalnem mešanju kuhamo na majhnem ognju, dokler se ne zgosti. Slaščičarsko kremo prestavimo v pekač, ki ga pokrijemo s plastično folijo in pustimo, da se popolnoma ohladi.
k) V posebni skledi stepemo svežo smetano s sladkorjem v prahu, da se dobro stepe. Ohlajeni slaščičarski kremi dodamo žlico stepene smetane in močno premešamo. Nato

nežno vmešamo še preostalo stepeno smetano. Pokrijte s plastično folijo in postavite v hladilnik za približno 30 minut, da se strdi.

PRIPRAVA SIRUPA :

l) V ponvi zmešajte vodo, sladkor in liker Grand Marnier. Segrevamo in mešamo, dokler se sladkor ne stopi. Pustite, da se sirup ohladi.

Sestavljanje torte:

m) Obema biskvitoma odrežite zunanjo skorjo in pustite le svetlejši del, da zmanjšate odpadke.

n) Vzemite en biskvit in ga razrežite na tri enake plasti.

o) Prvo plast položimo na servirni krožnik in jo navlažimo s sirupom.

p) Na navlaženo plast namažemo približno $\frac{1}{4}$ ohlajene diplomatske kreme.

q) Ponovite z drugo plastjo, sirupom in smetano. Nato dodamo še zadnjo plast in jo prepojimo s preostalim sirupom.

r) Torto po vrhu in ob straneh premažemo s preostalo ohlajeno kremo.

s) Drugi biskvit narežemo na navpične rezine in nato na majhne kocke.

t) Biskvitne kocke položimo po celotni površini torte, vključno z robovi.

u) Pred serviranjem torto hladite nekaj ur.

v) Klasično prosecco torto pred serviranjem potresemo s sladkorjem v prahu.

SHRANJEVANJE:

w) Sestavljeno Prosecco torto lahko hranite v hladilniku do 3-4 dni. Samo biskvit lahko hranite 2 dni zavit v plastično folijo ali zamrznjen do 1 meseca. Kremo lahko hranimo tudi 2-3 dni v hladilniku.

54. Prosecco kolački

SESTAVINE:
- 1 škatla mešanice za vanilijevo torto
- 1 ¼ skodelice Prosecca, razdeljeno
- ⅓ skodelice rastlinskega olja
- 3 velika jajca
- 2 čajni žlički pomarančne lupinice, razdeljeni
- 1 skodelica (2 palčki) masla, zmehčanega
- 4 skodelice sladkorja v prahu
- 1 čajna žlička čistega vanilijevega ekstrakta
- Ščepec košer soli
- Zlati brusni sladkor
- Pomarančne rezine, za okras

NAVODILA:
a) Pečico segrejte na 350°F in dva pekača za kolačke obložite s podlogami za kolačke.

b) V veliki skledi zmešajte mešanico vaniljevega kolača z 1 skodelico Prosecca, rastlinskim oljem, jajci in 1 čajno žličko pomarančne lupinice.

c) Pecite kolačke po navodilih na embalaži.

d) Pustite, da se kolački popolnoma ohladijo, preden jih daste v glazuro.

e) Medtem pripravite glazuro Prosecco: V veliki skledi z ročnim mešalnikom stepite zmehčano maslo, da postane svetlo in puhasto.

f) Dodajte 3 skodelice sladkorja v prahu in stepajte, dokler ne ostanejo nobene grudice.

g) Zmešajte preostalo ¼ skodelice Prosecca, ekstrakt čiste vanilije, preostalo čajno žličko pomarančne lupinice in ščepec soli. Stepajte, dokler se dobro ne združi.

h) Dodajte preostalo 1 skodelico sladkorja v prahu in stepajte, dokler glazura ni rahla in puhasta.
i) Ohlajene kolačke namažite s pomočjo lopatice.
j) Vsak kolaček okrasite s posipom zlatega brusnega sladkorja in majhno pomarančno rezino.

55. Krvava pomarančna torta Prosecco

SESTAVINE:

- 1 ½ skodelice (3 palčke) nesoljenega masla, sobne temperature
- 2 ¾ skodelice granuliranega sladkorja
- 5 velikih jajc, sobne temperature
- 3 skodelice presejane moke za kolače
- ½ čajne žličke soli
- 1 skodelica roza Moscato ali Prosecco
- 3 žlice pomarančne lupinice
- 1 žlica čistega vanilijevega ekstrakta

PREPROSTI SIRUP:

- ½ skodelice roza Moscato ali Prosecco
- ½ skodelice granuliranega sladkorja
- ¼ skodelice svežega krvavo-pomarančnega soka

ORANŽNA GLAZURA:

- 1 ½ skodelice slaščičarskega sladkorja
- 3 žlice svežega soka rdeče pomaranče

NAVODILA:

a) Pečico segrejte na 315 stopinj F. Pekač Bundt z 10 skodelicami poškropite z nelepljivim razpršilom za peko.

b) V skledi stojnega mešalnika zmešajte sladkor s pomarančno lupinico. Lupinico vtrite v sladkor, da zadiši.

c) V skledo dodamo maslo in sol ter smetano skupaj s sladkorjem. Stepajte na srednji visoki temperaturi 7 minut, dokler maslo ni bledo rumeno in puhasto.

d) Dodajte jajca eno za drugo, dobro premešajte po vsakem dodatku in po potrebi postrgajte po stenah posode.

e) Zmanjšajte hitrost na nizko in počasi dodajte moko v dveh obrokih ter mešajte, dokler se ravno ne združi. Ne premešajte.

f) Nalijte Moscato in mešajte, dokler se le ne poveže.

g) Testo vlijemo v pripravljen pekač in pečemo 70-80 minut ali dokler zobotrebec, zaboden v sredino torte, ne izstopi čist.

h) Pustite, da se torta ohladi v pekaču vsaj 10 minut, preden jo obrnete na servirni krožnik. Rahlo ohladimo na sobno temperaturo.

Za preprost sirup:

i) V majhnem loncu, ki ga postavite na srednji ogenj, zmešajte vse sestavine in kuhajte na srednje močnem ognju.

j) Zmes zmanjšajte za približno tretjino, dokler se ne zgosti, približno 5 minut.

k) Odstranite z ognja in pustite, da se popolnoma ohladi.

ZA GLAZURO:

l) V majhni skledi zmešajte vse sestavine, dokler niso tekoče.

m) Za sestavljanje torte:

n) Ohlajeno torto z nabodalom ali vilicami preluknjajte.

o) Torto prelijte s preprostim sirupom, da se vpije. Po želji ponovite.

p) Na koncu torto pokapljamo z glazuro in pustimo stati 10 minut.

q) Uživajte v tej čudoviti pomarančni torti Prosecco, popolni za praznovanja ali katero koli posebno priložnost!

56. Prosecco Mousse

SESTAVINE:

- 1 skodelica težke smetane
- ¼ skodelice sladkorja v prahu
- ¼ skodelice Prosecca
- ¼ skodelice svežega pomarančnega soka
- 1 žlica pomarančne lupinice
- Sveži pomarančni deli za okras

NAVODILA:

a) V ohlajeni skledi za mešanje stepamo močno smetano, dokler ne nastanejo mehki vrhovi.

b) Stepeni smetani med nadaljnjim stepanjem postopoma dodajajte sladkor v prahu, Prosecco in svež pomarančni sok.

c) Nežno vmešajte pomarančno lupinico.

d) Prosecco mousse prenesite v servirne kozarce ali sklede.

e) Hladite vsaj 2 uri, da se strdi.

f) Vsako porcijo pred serviranjem okrasite s svežimi pomarančnimi krhlji.

57. Prosecco Cheesecake ploščice

SESTAVINE:
ZA SKORICO:
- 1 ½ skodelice drobtin graham krekerja
- ¼ skodelice granuliranega sladkorja
- ½ skodelice nesoljenega masla, stopljenega

ZA NADEV CHEESECAKE:
- 16 unč kremnega sira, zmehčanega
- 1 skodelica granuliranega sladkorja
- ¼ skodelice kisle smetane
- ¼ skodelice Prosecca
- ¼ skodelice svežega pomarančnega soka
- 1 žlica pomarančne lupinice
- 3 velika jajca
- 1 čajna žlička vanilijevega ekstrakta

NAVODILA:
a) Pečico segrejte na 325 °F (160 °C) in obložite 9x9-palčni pekač s pergamentnim papirjem, tako da ob straneh pustite previs.

b) V srednji skledi zmešajte drobtine graham krekerja, granulirani sladkor in stopljeno maslo.

c) Zmes vtisnite na dno pripravljenega pekača, da nastane skorjica.

d) V veliki skledi za mešanje stepite zmehčan kremni sir in granulirani sladkor, da postane gladka in kremasta.

e) Dodajte kislo smetano, Prosecco, svež pomarančni sok in pomarančno lupinico ter mešajte, dokler se dobro ne premeša.

f) Eno za drugim stepemo jajca, nato dodamo vanilijev ekstrakt in mešamo do gladkega.

g) Cheesecake nadev prelijemo čez skorjo v pekaču.

h) Pečemo v predhodno ogreti pečici 40-45 minut oziroma dokler se robovi ne strdijo in se sredina rahlo nagiba.

i) Pustite, da se sirne ploščice popolnoma ohladijo v pekaču, nato jih postavite v hladilnik za vsaj 4 ure, preden jih razrežete na kvadratke in postrežete.

58. Prosecco tortna rolada

SESTAVINE:
ZA BISKIT:
- 4 velika jajca, ločena
- ¾ skodelice granuliranega sladkorja, razdeljenega
- ¼ skodelice Prosecca
- ¼ skodelice svežega pomarančnega soka
- 1 žlica pomarančne lupinice
- 1 skodelica moke za torte
- 1 čajna žlička pecilnega praška
- Ščepec soli

ZA NADEV:
- 1 skodelica težke smetane
- ¼ skodelice sladkorja v prahu
- ¼ skodelice Prosecca
- 1 čajna žlička vanilijevega ekstrakta
- Sveži pomarančni deli za okras
- Sladkor v prahu za posipanje

NAVODILA:
ZA BISKIT:
a) Pečico segrejte na 350 °F (175 °C) in namastite 10x15-palčni pekač z želejem. Pekač obložite s peki papirjem, tako da ob straneh pustite previs.
b) V veliki skledi za mešanje stepite rumenjake s ½ skodelice granuliranega sladkorja, da postanejo svetli in puhasti.
c) Mešajte Prosecco, svež pomarančni sok in pomarančno lupinico, dokler se dobro ne premešajo.
d) V ločeni skledi zmešajte moko za torte, pecilni prašek in sol.

e) Postopoma dodajte suhe sestavine mokrim sestavinam in mešajte, dokler testo ni gladko.
f) V drugi čisti skledi penasto stepite beljake, nato pa med nenehnim stepanjem postopoma dodajte preostalo $\frac{1}{4}$ skodelice kristalnega sladkorja.
g) Iz beljakov stepamo trd sneg.
h) Stepene beljake nežno vmešajte v testo za torto, dokler se popolnoma ne premeša.
i) Testo vlijemo v pripravljen pekač z želejem in ga enakomerno razporedimo.
j) Pecite v predhodno ogreti pečici 12-15 minut oziroma toliko časa, da kolač ob rahlem dotiku poskoči nazaj.
k) Ko je torta še topla, jo s prevleko za peki papir previdno dvignemo iz pekača in prestavimo na čisto površino.
l) Topel kolač tesno zvijte, začenši s krajšim koncem, pri čemer si pomagajte s peki papirjem. Pustite, da se v zvitem stanju popolnoma ohladi.

ZA NADEV:

m) V ohlajeni skledi za mešanje stepamo močno smetano, dokler ne nastanejo mehki vrhovi.
n) Stepeni smetani med nadaljnjim stepanjem postopoma dodajajte sladkor v prahu, Prosecco in vanilijev ekstrakt.
o) Ohlajeno torto nežno odvijemo in po površini enakomerno razporedimo Prosecco kremni nadev.
p) Torto ponovno zvijte, tokrat brez peki papirja, in jo prenesite na servirni krožnik.
q) Okrasite s svežimi pomarančnimi krhlji in potresite s sladkorjem v prahu.
r) Prosecco tortno rolado narežemo na kose in postrežemo.

59. Prosecco Popsicles

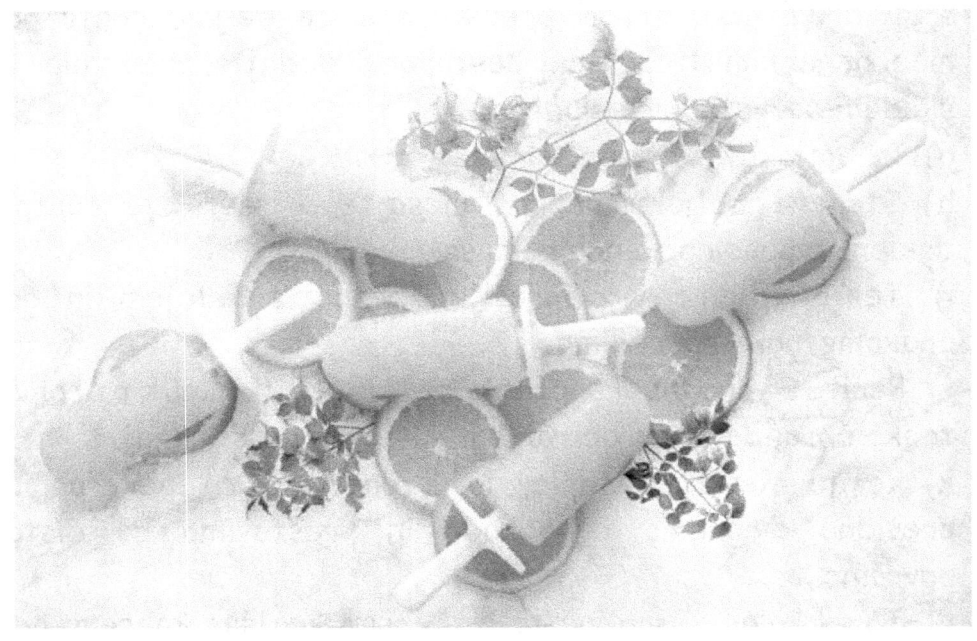

SESTAVINE:

- 1 skodelica svežega pomarančnega soka
- ½ skodelice Prosecco
- 2 žlici medu (prilagodite okusu)
- Rezine ali koščki sveže pomaranče

NAVODILA:

a) V skledi zmešajte svež pomarančni sok, Prosecco in med, dokler se dobro ne premešata.

b) Nekaj svežih pomarančnih rezin ali krhljev položite v modelčke za sladoled.

c) Mešanico Prosecco prelijte po pomarančnih rezinah v modelčkih za sladoled.

d) V vsak kalup vstavite palčke za sladoled.

e) Zamrznite sladoledne sladolede za vsaj 4 ure ali dokler niso popolnoma strjeni.

f) Nežno odstranite sladoledne sladolede iz modelčkov in uživajte v tej ledeni in osvežilni sladici, ki jo navdihuje Prosecco.

60. Prosecco Granita

SESTAVINE:
- ½ skodelice sladkorja
- 1 ¼ skodelice Prosecco
- 1 žlica limetinega soka
- 1 skodelica sveže iztisnjenega pomarančnega soka

NAVODILA:
a) V veliki skledi stepamo pomarančni sok in sladkor, dokler se sladkor popolnoma ne raztopi.

b) Vmešajte Prosecco in limetin sok, da ustvarite čudovito mešanico Prosecca.

c) Zmes vlijemo v dva modelčka za led in ju postavimo v zamrzovalnik.

d) Pustite, da zmes zamrzne, dokler se ne strdi, kar običajno traja vsaj 2 uri. Za kasnejšo uporabo lahko zamrznjene kocke preložite v plastične vrečke z zadrgo in jih shranite v zamrzovalniku do 1 tedna.

e) Tik pred serviranjem vzemite eno plast zamrznjenih kock in jih položite v skledo kuhinjskega robota, opremljenega z jeklenim rezilom.

f) Mešanico pretresite v kuhinjskem robotu približno 10- do 12-krat ali dokler ne ostane več velikih kosov ledu, kar ustvari čudovito teksturo granite.

g) Zajemite kristale Prosecco v posamezne sklede, pripravljene za okušanje in uživanje.

h) Če potrebujete več porcij, ponovite postopek s preostalimi kockami ledu.

i) Takoj postrezite Prosecco granito in uživajte v njenem osvežilnem in sadnem okusu.

j) Ta čudovita granita je odlična poslastica za ohladitev v toplih dneh ali kot čudovit način za praznovanje posebnih trenutkov. Uživajte!'

61. Breskve in jagodičevje v Proseccu

SESTAVINE:
- 2 funta breskev, po možnosti aromatičnih sort z belim mesom
- 2/3 skodelice granuliranega sladkorja
- 1 1/2 skodelice prosecca ali drugega mladega, sadnega, suhega belega vina
- 1/2 pinta malin
- 1/2 pinta borovnic
- Lupina 1 limone

NAVODILA:
a) Začnite tako, da breskve operete, olupite, jim odstranite pečke in jih narežete na približno 1/4-palčne debele kose. Narezane breskve položimo v servirno skledo.
b) V skledo z breskvami dodamo kristalni sladkor in belo vino (Prosecco ali podobno suho belo vino). Temeljito premešajte, da se združi.
c) Maline in borovnice operemo in jih nežno dodamo v skledo z breskvami in mešanico vina.
d) Nastrgajte tanko, rumeno lupinico polovice limone, pri čemer pazite, da ne boste zajeli grenko bele peščice. V skledo dodajte limonino lupinico.
e) Vsebino posode nežno premešamo, tako da jo večkrat obrnemo.
f) Sadno mešanico hladite vsaj 1 uro, preden jo postrežete, ali pa jo pripravite vnaprej, tudi že zjutraj tistega dne, ko jo nameravate postreči. Uživajte!

62. Prosecco poširane hruške

SESTAVINE:
- 4 zrele hruške
- 1 steklenica Prosecca
- 1 skodelica granuliranega sladkorja
- 1 vanilijev strok (razrezan in nastrgan)

NAVODILA:
a) Hruške olupimo, peclje pustimo nedotaknjene.
b) V veliki ponvi zmešajte Prosecco, sladkor in strgana vanilijeva semena.
c) Dodajte hruške v ponev in mešanico rahlo zavrite.
d) Hruške pražite približno 20-25 minut ali dokler niso mehke, a ne kašaste.
e) Odstranite hruške in jih pustite, da se ohladijo. Tekočino za poširanje še naprej kuhajte, dokler se ne zgosti v sirup.
f) Hruške postrezite s pokapljanjem sirupa Prosecco.

63. Prosecco Berry Parfait

SESTAVINE:
- 1 skodelica mešanega jagodičevja (jagode, borovnice, maline)
- 1 skodelica Prosecca
- 1 skodelica grškega jogurta
- 2 žlici medu

NAVODILA:
a) Zmešajte jagode in Prosecco v skledi in pustite, da se namakajo približno 15 minut.
b) V servirne kozarce položite jagode, namočene v prosecco, z grškim jogurtom.
c) Po vrhu pokapajte med.
d) Ponovite plasti in končajte s pokapljanjem medu.

64. Prosecco in malinovi želeji

SESTAVINE:

- 1 1/2 skodelice Prosecco
- 1/2 skodelice vode
- 1/2 skodelice granuliranega sladkorja
- 2 žlici malinove želatine
- Sveže maline za okras

NAVODILA:

a) V ponvi segrevajte prosecco, vodo in sladkor, dokler se sladkor ne raztopi.
b) Odstavite z ognja in vmešajte malinovo želatino.
c) Zmes vlijemo v posamezne servirne kozarce ali modelčke.
d) Hladite v hladilniku, dokler se ne strdi (običajno nekaj ur ali čez noč).
e) Pred serviranjem okrasite s svežimi malinami.

65. Prosecco in limonin posset

SESTAVINE:

- 2 skodelici Prosecca
- 1 skodelica težke smetane
- 1 skodelica granuliranega sladkorja
- Lupina in sok 2 limon

NAVODILA:

a) V ponvi zmešajte Prosecco, smetano in sladkor. Med mešanjem segrevamo, dokler se sladkor ne raztopi.

b) Dodamo limonino lupinico in sok ter pustimo vreti 5 minut.

c) Zmes vlijemo v servirne kozarce in pustimo v hladilniku za nekaj ur, da se strdi.

d) Pred serviranjem okrasite s koščkom limonine lupinice.

66. Prosecco Tiramisu

SESTAVINE:
- 1 skodelica Prosecca
- 3 veliki rumenjaki
- 1/2 skodelice granuliranega sladkorja
- 1 skodelica mascarpone sira
- 1 skodelica težke smetane
- 1 žlička vanilijevega ekstrakta
- 1 paket Ladyfingers
- Kakav v prahu za posipanje
- Espresso (neobvezno)

NAVODILA:
a) V skledi stepamo rumenjake in sladkor, dokler ne postanejo gosto in bledo.
b) Vmešajte mascarpone sir, dokler ni gladek.
c) V ločeni skledi stepite smetano in vanilijev ekstrakt, dokler ne nastanejo čvrsti vrhovi.
d) Stepeno smetano nežno vmešajte v mešanico mascarponeja.
e) Ladyfingers pomočite v Prosecco (in espresso po želji) in jih položite v servirni krožnik.
f) Po prstih razporedite plast mascarpone mešanice.
g) Ponovite plast ladyfingerja in mascarponeja, zaključite s plastjo mascarponeja na vrhu.
h) Ohladite za nekaj ur ali čez noč.
i) Pred serviranjem potresemo s kakavom v prahu.

ZAČIMBE

67. Prosecco in breskova salsa

SESTAVINE:

- 2 zreli breskvi, narezani na kocke
- $\frac{1}{4}$ skodelice rdeče čebule, drobno sesekljane
- $\frac{1}{4}$ skodelice svežega cilantra, sesekljanega
- Sok 1 limete
- $\frac{1}{4}$ skodelice Prosecca
- Sol in poper po okusu
- Tortilja čips za serviranje

NAVODILA:

a) V skledi zmešajte na kocke narezane breskve, rdečo čebulo, koriander, limetin sok in prosecco.
b) Začinimo s soljo in poprom po okusu.
c) Dobro premešamo, da se vsi okusi povežejo.
d) Pustite salso stati približno 15 minut, da se okusi prepojijo.
e) Postrezite Prosecco in breskovo salso s tortiljinim čipsom za osvežilen in saden prigrizek.

68. Prosecco žele

SESTAVINE:

- 2 skodelici Prosecca
- 1 skodelica sladkorja
- 1 zavitek (približno 1,75 oz) sadnega pektina v prahu
- Limonin sok (neobvezno, za kislost)

NAVODILA:

a) V veliki ponvi zmešajte Prosecco in sladkor.
b) Mešajte na zmernem ognju, dokler se sladkor ne raztopi.
c) Dodajte sadni pektin v prahu in premešajte, da se meša.
d) Mešanico zavrite in med stalnim mešanjem kuhajte približno 1 minuto.
e) Odstavite ponev z ognja in odstranite morebitno nastalo peno.
f) Po želji dodajte kanček limoninega soka za kislost.
g) Prosecco žele nalijte v sterilizirane kozarce in pustite, da se ohladi na sobno temperaturo.
h) Žele ohladite, dokler se strdi.
i) Namažite ga na toast, postrezite s sirom ali ga uporabite kot glazuro za meso ali pečeno zelenjavo.

69. Prosecco gorčica

SESTAVINE:
- ¼ skodelice rumenih gorčičnih semen
- ¼ skodelice rjavih gorčičnih semen
- ½ skodelice Prosecco
- ¼ skodelice belega vinskega kisa
- 1 žlica medu
- ½ čajne žličke soli

NAVODILA:
a) V skledi zmešajte rumena in rjava gorčična semena.
b) V ločeni skledi zmešajte prosecco, beli vinski kis, med in sol.
c) Mešanico Prosecco prelijemo čez gorčična semena in premešamo, da se združijo.
d) Mešanico pustite stati pri sobni temperaturi približno 24 ur in občasno premešajte.
e) Zmes prenesite v mešalnik ali kuhinjski robot in mešajte, dokler ne dosežete želene konsistence.
f) Prosecco gorčico hranite v nepredušni posodi v hladilniku.
g) Uporabite ga kot začimbo za sendviče, burgerje ali kot omako za namakanje preste in prigrizkov.

70. Prosecco maslo

SESTAVINE:

- ½ skodelice nesoljenega masla, zmehčanega
- 2 žlici Prosecca
- 1 čajna žlička limonine lupinice
- ½ čajne žličke soli

NAVODILA:

a) V skledi zmešajte zmehčano maslo, prosecco, limonino lupinico in sol.

b) Mešajte ali stepajte, dokler ni dobro premešano in gladko.

c) Maslo Prosecco prenesite v majhno posodo ali ga s plastično folijo oblikujte v poleno.

d) Ohladite, dokler se ne strdi.

e) Maslo Prosecco uporabite za prelivanje zrezkov na žaru, stopite čez pečeno zelenjavo ali namažite na svež kruh.

71. Prosecco limonina skuta

SESTAVINE:

- Lupina 3 limon
- 1 skodelica sveže iztisnjenega limoninega soka (približno 4-5 limon)
- 1 skodelica granuliranega sladkorja
- 4 velika jajca
- ½ skodelice nesoljenega masla, narezanega na kocke
- ¼ skodelice Prosecca

NAVODILA:

a) V toplotno odporni skledi zmešajte limonino lupinico, limonin sok, sladkor in jajca, dokler se dobro ne premešajo.

b) Posodo postavite nad ponev z vrelo vodo in pazite, da se dno posode ne dotika vode. To ustvari nastavitev dvojnega kotla.

c) Zmes med nenehnim mešanjem z metlico ali leseno kuhalnico kuhamo toliko časa, da se zgosti in prekrije hrbtno stran žlice. Ta postopek običajno traja približno 10-15 minut.

d) Ko se zmes zgosti, odstavite posodo z ognja.

e) Skuti dodajte na kocke narezano maslo in mešajte, dokler se maslo ne stopi in popolnoma vključi.

f) Mešajte Prosecco, dokler se dobro ne premeša.

g) Pustite, da se skuta nekaj minut ohladi, nato pa jo prenesite v čist kozarec ali nepredušno zaprto posodo.

h) Kozarec ali posodo pokrijte s pokrovom ali plastično folijo, pri čemer pazite, da se neposredno dotika površine skute, da preprečite nastanek kože.

i) Prosecco limonino skuto hranite v hladilniku vsaj 2 uri ali dokler ni ohlajena in strjena.

j) Skuto lahko v hladilniku hranimo do 2 tedna.

72. Prosecco Aioli

SESTAVINE:

- ½ skodelice majoneze
- 1 žlica Prosecca
- Lupina in sok 1 limone
- 1 strok česna, sesekljan
- Sol in poper po okusu

NAVODILA:

a) V majhni skledi zmešajte majonezo, prosecco, limonino lupinico, limonin sok, sesekljan česen, sol in poper.

b) Okusite in po potrebi prilagodite začimbe.

c) Skledo pokrijte in Prosecco aioli postavite v hladilnik za vsaj 30 minut, da se okusi prepojijo.

d) Aioli postrezite kot okusno omako za pomfrit, ga namažite na sendviče ali ga uporabite kot kremast preliv za burgerje ali zelenjavo na žaru.

73. Prosecco medena gorčica

SESTAVINE:

- ¼ skodelice dijonske gorčice
- 2 žlici medu
- 2 žlici Prosecca
- Lupina in sok 1 limone
- Sol in poper po okusu

NAVODILA:

a) V skledi zmešajte dijonsko gorčico, med, prosecco, limonino lupinico, limonin sok, sol in poper.
b) Okusite in po želji prilagodite začimbe.
c) Skledo pokrijte in medeno gorčico Prosecco pred uporabo hladite vsaj 30 minut.
d) Uporabite medeno gorčico kot okusno začimbo za sendviče in burgerje ali kot omako za namakanje piščančjih mezk ali preste.

74. Prosecco zeliščno maslo

SESTAVINE:

- ½ skodelice nesoljenega masla, zmehčanega
- 1 žlica Prosecca
- 1 žlica sesekljanih svežih zelišč (kot so peteršilj, timijan ali bazilika)
- Lupina 1 limone
- Sol in poper po okusu

NAVODILA:

a) V skledi zmešajte zmehčano maslo, Prosecco, sesekljana sveža zelišča, limonino lupinico, sol in poper. Dobro premešajte, da vključite vse sestavine.

b) Aromatizirano maslo prenesite na list plastične folije in ga oblikujte v poleno ali tesno zavijte v plastično folijo.

c) Zeliščno maslo Prosecco ohladite vsaj 1 uro, da se strdi in okusi stopijo.

d) Maslo narežite na kolobarje ali pa ga uporabite kot namaz za kruh, žemljice ali meso in zelenjavo na žaru. Maslo, prežeto z zelišči, doda vašim jedem prijeten pikanten in aromatičen pridih.

75. Prosecco Salsa Verde

SESTAVINE:

- 1 skodelica svežih peteršiljevih listov, sesekljanih
- ¼ skodelice svežih listov bazilike, sesekljanih
- 2 žlici kaper, odcejenih in sesekljanih
- 2 stroka česna, nasekljana
- 2 žlici drobno sesekljane šalotke
- 2 žlici Prosecca
- Lupina in sok 1 limone
- ¼ skodelice olivnega olja
- Sol in poper po okusu

NAVODILA:

a) V skledi zmešajte sesekljan peteršilj, baziliko, kapre, sesekljan česen, šalotko, prosecco, limonino lupinico, limonin sok, olivno olje, sol in poper.

b) Dobro premešamo, da se vse sestavine premešajo.

c) Okusite in po potrebi prilagodite začimbe.

d) Prosecco salsa Verde pustite stati vsaj 15-30 minut, da se okusi prepojijo.

e) Salsa verde postrezite kot okusno začimbo za ribe na žaru ali pečeno zelenjavo ali pa jo uporabite kot okusen preliv za solate.

KOKTAJLI

76. Aperol Spritz

SESTAVINE:

- 3 unče prosecca
- 2 unči Aperola
- 1 unča klubske sode
- Okras: rezina pomaranče

NAVODILA:

a) V kozarcu za vino, napolnjenem z ledom, zmešajte prosecco, aperol in sodo.
b) Za okras dodajte rezino pomaranče.

77. Prosecco in mimoze iz pomarančnega soka

SESTAVINE:
- 1 steklenica Prosecca
- 2 skodelici pomarančnega soka
- Pomarančne rezine za okras

NAVODILA:
a) Žlebove šampanjca do polovice napolnite z ohlajenim Proseccom.
b) Kozarce dolijte s pomarančnim sokom.
c) Vsak kozarec okrasite z rezino pomaranče.
d) Takoj postrezite in uživajte v osvežilni Prosecco mimozi.

78. Hibiskus Spritz

SESTAVINE:
- 2 unči prosecca ali penečega vina
- 1 unča hibiskusovega sirupa
- ½ unče bezgovega likerja
- Klubska soda
- Rezine limone ali užitni cvetovi za okras
- Ledene kocke

NAVODILA:
a) Napolnite kozarec za vino z ledenimi kockami.
b) V kozarec dodamo hibiskusov sirup in bezgov liker.
c) Nežno premešamo, da se okusi povežejo.
d) Kozarec dolijemo s proseccom ali penino.
e) Dodajte kanček gazirane pijače za mehurčkast zaključek.
f) Okrasite z rezinami limone ali jedilnimi cvetovi.
g) Preden srkate, nežno premešajte.
h) Okusite šumeči in cvetlični Hibiskus Spritz.

79. Šampanjec Mules

SESTAVINE:
- 2 unči ml vodke
- 2 unči svežega limetinega soka
- 4 unče ingverjevega piva
- Ohlajen prosecco, za preliv
- Rezine limete, za serviranje
- Meta, za serviranje

NAVODILA:
a) V dva kozarca nalijte vodko in svež limetin sok, nato pa vsak kozarec dolijte z ingverjevim pivom.
b) Čez prelijemo prosecco in okrasimo z limeto in meto.
c) Postrežemo hladno.

80. Hugo

SESTAVINE:
- 15 cl Prosecco, ohlajen
- 2 cl bezgovega sirupa ali melisinega sirupa
- nekaj listov mete
- 1 sveže iztisnjen limonin sok ali limetin sok
- 3 kocke ledu
- gazirano mineralno vodo ali soda vodo
- rezina limone ali limete za dekoracijo kozarca ali kot okras

NAVODILA:
a) V kozarec za rdeče vino dajte kocke ledu, sirup in metine liste.
b) V kozarec nalijemo sveže iztisnjen limonin ali limetin sok. V kozarec položite rezino limone ali limete in dodajte hladen Prosecco.
c) Po nekaj trenutkih dodajte kanček gazirane mineralne vode.

81. Prosecco Mojito

SESTAVINE:

- 1 oz belega ruma
- ½ oz svežega limetinega soka
- ½ oz preprostega sirupa
- 6-8 listov sveže mete
- Prosecco, ohlajen
- Rezine limete za okras
- Vejice mete za okras

NAVODILA:

a) V shakerju za koktajle zmešajte sveže liste mete z limetinim sokom in preprostim sirupom.
b) Dodajte beli rum in stresalnik napolnite z ledom.
c) Dobro pretresite, da se združi.
d) Mešanico precedite v kozarec, napolnjen z ledom.
e) Prelijemo z ohlajenim Proseccom.
f) Okrasite z rezinami limete in vejicami mete.
g) Nežno premešajte in uživajte v osvežilnem Prosecco Mojitu.

82. Sgroppino

SESTAVINE:
- 4 oz. vodka
- 8 oz. Prosecco
- 1 serija limoninega sorbeta
- Neobvezni okraski
- limonina lupina
- rezine limone
- limonin zvitek
- listi sveže mete
- svežih listov bazilike

NAVODILA:
a) V blenderju zmešajte prve tri sestavine.
b) Procesirajte, dokler ni gladka in zmešana.
c) Postrezite v žlebovih za šampanjec ali kozarce za vino.

83. Prosecco Bellini

SESTAVINE:
- 2 oz breskovega pireja ali breskovega nektarja
- Prosecco, ohlajen
- Rezine breskev za okras

NAVODILA:
a) Breskov pire ali breskov nektar vlijemo v ohlajeno žlico za šampanjec.
b) Prelijte z ohlajenim Proseccom in napolnite kozarec.
c) Nežno premešajte, da se združi.
d) Okrasite z rezino sveže breskve.
e) Popijte in uživajte v klasičnem in elegantnem Prosecco Bellini.

84. Prosecco Margarita

SESTAVINE:

- 1½ oz srebrne tekile
- 1 oz svežega limetinega soka
- 1 oz preprostega sirupa
- ½ oz pomarančnega likerja (kot je triple sec)
- Prosecco, ohlajen
- Rezine limete za okras
- Sol ali sladkor za obrobo (neobvezno)

NAVODILA:

a) Po želji kozarec obrobite s soljo ali sladkorjem, tako da rob pomočite v limetin sok in nato v sol ali sladkor.
b) V shakerju za koktajle zmešajte tekilo, limetin sok, preprost sirup in pomarančni liker.
c) Napolnite stresalnik z ledom in močno pretresite.
d) Mešanico precedite v kozarec, napolnjen z ledom.
e) Prelijemo z ohlajenim Proseccom.
f) Okrasite z rezinami limete.
g) Nežno premešajte in uživajte v penečem Prosecco Margariti.

85. Prosecco Ginger Fizz

SESTAVINE:
- 2 oz ingverjev liker
- $\frac{1}{2}$ oz svežega limetinega soka
- $\frac{1}{2}$ oz preprostega sirupa
- Prosecco, ohlajen
- Kristaliziran ingver za okras

NAVODILA:
a) V shakerju za koktajle zmešajte ingverjev liker, limetin sok in preprost sirup.
b) Napolnite stresalnik z ledom in dobro pretresite.
c) Mešanico precedite v kozarec, napolnjen z ledom.
d) Prelijemo z ohlajenim Proseccom.
e) Okrasite s koščkom kristaliziranega ingverja.
f) Nežno premešajte in uživajte v penečem Prosecco Ginger Fizz.

86. francoski prosecco 75

SESTAVINE:

- 1 oz gina
- ½ oz svežega limoninega soka
- ½ oz preprostega sirupa
- Prosecco, ohlajen
- Limonin zvitek za okras

NAVODILA:

a) V stresalniku za koktajle zmešajte gin, limonin sok in preprost sirup.
b) Napolnite stresalnik z ledom in dobro pretresite.
c) Mešanico precedite v žleb za šampanjec.
d) Prelijemo z ohlajenim Proseccom.
e) Okrasite z limoninim zvitkom.
f) Popijte in uživajte v klasičnem in šumečem Prosecco French 75.

87. Prosecco punč iz granatnega jabolka

SESTAVINE:
- 2 skodelici soka granatnega jabolka
- 1 skodelica pomarančnega soka
- ½ skodelice brusničnega soka
- ¼ skodelice svežega limetinega soka
- 2 žlici agavinega sirupa ali medu
- Prosecco, ohlajen
- Semena granatnega jabolka in rezine limete za okras

NAVODILA:
a) V vrču zmešajte sok granatnega jabolka, pomarančni sok, brusnični sok, limetin sok in agavin sirup ali med.
b) Mešajte, dokler se dobro ne združi in se sladilo raztopi.
c) V vrč dodajte ohlajen Prosecco in nežno premešajte.
d) Napolnite kozarce z ledom in čez led prelijte Prosecco punč iz granatnega jabolka.
e) Okrasite s semeni granatnega jabolka in rezinami limete.
f) Srkajte in uživajte v sadnem in šumečem punču Prosecco iz granatnega jabolka.

88. Prosecco koktajl z rubinom in rožmarinom

SESTAVINE:
- 1 vejica svežega rožmarina
- 1-unča rubinastega grenivkinega soka
- ½ unče preprostega rožmarinovega sirupa (recept spodaj)
- Ohlajen Prosecco ali poljubno peneče belo vino
- Rezine rubinaste grenivke ali vejice rožmarina za okras

ZA ROŽMARINOV PREPROSTI SIRUP:
- ½ skodelice vode
- ½ skodelice granuliranega sladkorja
- 2 vejici svežega rožmarina

NAVODILA:
a) Pripravite rožmarinov preprost sirup tako, da v majhni ponvi zmešate vodo, sladkor in rožmarinove vejice. Mešanico pustimo vreti na srednjem ognju in občasno premešamo, dokler se sladkor popolnoma ne raztopi.
b) Odstranite ponev z ognja in pustite, da se rožmarin prelije v sirup približno 10 minut. Nato odcedite rožmarinove vejice in pustite, da se preprost sirup ohladi.
c) V shakerju za koktajle nežno zmešajte vejico svežega rožmarina, da sprosti svojo aromo.
d) V stresalnik dodajte sok rubinaste grenivke in preprost sirup rožmarina. Napolnite shaker z ledom.
e) Mešanico močno stresajte približno 15-20 sekund, da se sestavine ohladijo.
f) Koktajl precedite v ohlajen kozarec ali žleb.
g) Koktajl prelijemo z ohlajenim Proseccom, ki ga pustimo, da se nežno premeša z drugimi sestavinami.
h) Pijačo okrasite z rezino rubinaste grenivke ali vejico svežega rožmarina.

i) Prosecco koktajl z rubinom in rožmarinom takoj postrezite in uživajte!

89. Prosecco bezgov koktajl

SESTAVINE:

- 1 oz likerja iz bezgovih cvetov (na primer St-Germain)
- ½ oz svežega limoninega soka
- Prosecco, ohlajen
- Užitno cvetje za okras (neobvezno)

NAVODILA:

a) Napolnite kozarec za vino z ledenimi kockami.
b) Dodamo bezgov liker in svež limonin sok.
c) Prelijemo z ohlajenim Proseccom.
d) Nežno premešajte, da se združi.
e) Po želji okrasite z jedilnim cvetjem.
f) Srkajte in uživajte v cvetličnem in šumečem koktajlu Prosecco iz bezgovih cvetov.

90. Rožnati koktajl grenivke

SESTAVINE:

- 1 skodelica sveže iztisnjenega soka rožnate grenivke
- $\frac{1}{8}$ skodelice malinovega likerja
- 2 steklenici sladkega prosecca
- 2 rožnati grenivki, narezani za okras
- Sveža meta za okras
- Ledene kocke

NAVODILA:

a) V vrču zmešajte sveže iztisnjen sok rožnate grenivke, malinov liker in sladki prosecco.
b) Dodajte pladenj ledenih kock, da bo Prosecco ohlajen.
c) Zmes dobro premešamo, da se okusi premešajo.
d) Dodajte rezine 1 rožnate grenivke in pest sveže mete za izboljšanje arome in predstavitve.
e) Za serviranje Prosecco natočite v kozarce z rezino rožnate grenivke ob robu in okrasite s svežo meto.
f) Dvignite kozarec, nazdravite čudovitemu zajtrku in uživajte!

91. Prosecco Ananasov Sorbet Float

SESTAVINE:
ANANASOV SORBET:
- 2 unči ananasovega soka
- 4 unče agavinega sirupa
- 16 unč zamrznjenega ananasa

PROSECCO + ANANASOV SORBET FLOAT:
- Ananasov sorbet (iz zgornjega recepta)
- Prosecco

NAVODILA:
ANANASOV SORBET:
a) V mešalniku zmešajte ananasov sok in agavo.
b) Dodajte približno četrtino zamrznjenega ananasa in mešajte, dokler se ne zmeša.
c) Počasi dodajte preostali zamrznjeni ananas, pri čemer utripajte z vsakim dodatkom. Cilj je ohraniti konsistenco, podobno zamrznjenemu smutiju.
d) Zmes preložimo v posodo in čez noč postavimo v zamrzovalnik, da se strdi.

PROSECCO ANANASOV SORBET FLOAT:
e) Na dno kozarca damo zajemalko pripravljenega ananasovega sorbeta.
f) Odprite steklenico Prosecca in jo prelijte čez sorbet v kozarcu.
g) Po želji okrasite plovec z rezinami ananasa, metinimi listi ali užitnimi cvetovi.

92. Malinova limonada Koktajl

SESTAVINE:
- 3 unče Prosecca
- 3 unče malinove limonade
- Roza ali rdeč sladkorni posip
- 2-3 sveže maline

NAVODILA:
a) Za obrobo kozarcev: Na krožnik ali plitvo skledo nalijte majhno količino malinove limonade. Enako storite z rožnatim ali rdečim sladkornim posipom na ločenem krožniku.

b) Rob piščali Prosecco pomočimo v malinovo limonado, pri čemer pazimo, da je obložen ves rob.

c) Nato premazani rob kozarca pomočite v obarvan sladkor, da ustvarite okrasni sladkorni rob.

d) Malinovo limonado in Prosecco nalijemo v pripravljen kozarec in nežno premešamo, da se okusi premešajo.

e) V koktajl dodajte 2-3 sveže maline za dodaten izbruh sadne dobrote.

f) Postrezite svoj Proseccos z malinovo limonado in uživajte v tem čudovitem in osvežilnem koktajlu med malico z dekleti.

93. Pomarančni sorbet Koktajl

SESTAVINE:
- 2 skodelici svežega pomarančnega soka
- ½ skodelice vode
- ¾ skodelice medu ali agavinega nektarja, prilagojenega okusu
- Prosecco

NAVODILA:
a) V posodi za mešanje zmešajte svež pomarančni sok, vodo in med (ali agavin nektar), dokler se dobro ne zmešajo.

b) Zmes vlijemo v aparat za sladoled in zamrznemo po navodilih proizvajalca. Lahko pa mešanico prelijete v posodo in jo zamrznete v zamrzovalniku, dokler ne doseže konsistence sorbeta.

c) Ko je pomarančni sorbet pripravljen, ga zajemite v kozarce za Prosecco.

d) Sorbet prelijemo s proseccom.

94. Bezgova krvava pomaranča Koktajl

SESTAVINE:

- 750 ml steklenica Prosecca
- 8 žličk srebrne tekile
- 8 žličk bezgovega likerja
- ⅓ skodelice sveže iztisnjenega soka rdeče pomaranče
- 1 krvava pomaranča, narezana na tanke rezine za okras (neobvezno)

NAVODILA:

a) Po želji položite tanko rezino krvave pomaranče v vsako od štirih žlebtov Prosecca za eleganten okras.
b) V vsako piščal Prosecca nalijte 2 čajni žlički srebrne tekile in jo enakomerno razdelite mednje.
c) Nato v vsako piščal dodamo 2 žlički bezgovega likerja.
d) Sveže iztisnjen pomarančni sok enakomerno porazdelite med štiri piščali Prosecca. Vsaka piščal mora dobiti nekaj manj kot 4 čajne žličke soka.
e) Previdno vlijte Prosecco v vsako piščal in pustite, da se mehurčki med nalivi umirijo. Vsak kozarec do roba napolnite s proseccom.
f) Takoj postrezite Prosecco iz bezgovih krvavih pomaranč in uživajte v čudoviti kombinaciji okusov in šumenju.

95. Prosecco in pomarančni sok Koktajl

SESTAVINE:

- 1 steklenica Prosecca
- 2 skodelici pomarančnega soka
- Pomarančne rezine za okras

NAVODILA:

e) Prosecco žlebove do polovice napolnite z ohlajenim Proseccom.
f) Kozarce dolijte s pomarančnim sokom.
g) Vsak kozarec okrasite z rezino pomaranče.
h) Postrezite takoj in uživajte v osvežilnem Proseccu Prosecco.

96. Pasijonka Koktajl

SESTAVINE:

- 1 skodelica ohlajenega prosecca
- ½ skodelice ohlajenega nektarja ali soka pasijonke

NAVODILA:

a) Ohlajen Prosecco enakomerno razdelite med dva kozarca.

b) Vsako pijačo dopolnite z ohlajenim nektarjem ali sokom pasijonke. V vsak kozarec lahko dodate 3 do 4 žlice nektarja ali soka.

c) Mešanico nežno premešajte, da se okusi povežejo.

d) Prosecco s pasijonko postrezite takoj in uživajte v sladkem in tropskem okusu pasijonke v kombinaciji s penečim proseccom.

e) Ta eksotičen in osvežujoč koktajl je kot nalašč za poseben brunch, praznovanje ali preprosto, da si privoščite čudovito pijačo.

f) Okusite edinstven in čudovit okus teh proseckov s pasijonko! Na zdravje!

97. Breskve Prosecco koktajl

SESTAVINE:

- 2 skodelici breskovega nektarja, ohlajeno
- 1 ⅓ skodelice pomarančnega soka, ohlajenega
- ⅔ skodelice sirupa Grenadine
- 1 steklenica brut Prosecca, ohlajeno

NAVODILA:

a) V velikem vrču zmešajte ohlajen breskov nektar in pomarančni sok. Dobro premešajte, da se okusi premešajo.

b) Vzemite 10 kozarcev Prosecca in v vsak kozarec dodajte 1 žlico sirupa grenadine.

c) Vlijte približno ⅓ skodelice mešanice pomarančnega soka v vsak kozarec Prosecca čez grenadinov sirup.

d) Na koncu vsak kozarec prelijte z ohlajenim proseccom in ga napolnite do roba.

e) Takoj postrezite breskov prosecco, da uživate v gazirani in sadni dobroti.

f) Ti čudoviti prosecci so kot nalašč za slavnostne priložnosti, brunch srečanja ali kadarkoli želite svojemu dnevu dodati kanček breskove sladkosti.

g) Na zdravje za okusne breskove pršeke! Uživajte odgovorno in uživajte v čudoviti mešanici okusov.

98. Ananas Prosecco koktajl

SESTAVINE:
- 750-mililitrska steklenica Prosecca
- 2 skodelici ananasovega soka
- $\frac{1}{2}$ skodelice pomarančnega soka
- Pomarančne rezine, za serviranje
- Rezine ananasa, za serviranje

NAVODILA:
a) Zmešajte Prosecco, ananasov sok in pomarančni sok.
b) Mešajte, dokler se dobro ne poveže.
c) Napolnite kozarce za prosecco in pred serviranjem dodajte sadne rezine na robove.

99. Prosecco Sangria

SESTAVINE:

- 3 skodelice sadnega soka
- 3 skodelice svežega sadja (po potrebi narezanega na rezine ali kocke)
- ½ skodelice sadnega likerja (kot je Cointreau, Grand Marnier ali Chambord)
- 1 steklenica suhega prosecca, ohlajenega

NAVODILA:

a) Zmešajte sok, sadje in liker v velikem kozarcu (ali vrču, če postrežete iz njega) in pustite, da se okusi premešajo vsaj 1 uro.

b) Če imate prostor v hladilniku, hranite mešanico ohlajeno, dokler ni pripravljena za uporabo.

c) Dodajte Prosecco v kozarec (ali vrč) in takoj postrezite.

d) Druga možnost je, da posamezne kozarce približno do ene tretjine napolnite z mešanico sokov in prelijete s proseccom.

100. Jagoda Prosecco koktajl

SESTAVINE:

- 2 unči pomarančnega soka
- 2 unči jagod
- ½ unče jagodnega sirupa
- 4 unče Prosecca

NAVODILA:

a) V mešalniku zmešajte pomarančni sok, jagode in jagodni sirup do gladkega.
b) Nalijte v koktajl kozarec.
c) Na vrhu s Proseccom.
d) Okrasite z rezino jagode in pomaranče.

ZAKLJUČEK

Ko smo pri koncu »Mehurčki in grižljaji: kuharska knjiga za prosecco«, upamo, da ste uživali v tem potovanju v svet užitkov, prežetih s proseccom. Raziskali smo široko paleto receptov, od zajtrka do prigrizkov in glavnih jedi, ki vsebujejo iskrivost in eleganco Prosecca. Bila je pustolovščina okusov in ustvarjalnosti, odkrivanje, kako lahko Prosecco obogati sladke in slane jedi ter vašemu kulinaričnemu repertoarju doda kanček prefinjenosti.

Upamo, da vas je ta kuharska knjiga navdihnila za eksperimentiranje s Proseccom v vaši kuhinji in vam omogočila, da ustvarite nepozabne obroke in doživetja zase in za svoje najdražje. Ne pozabite, da Prosecco ni samo pijača za nazdravljanje ob posebnih priložnostih – je vsestranska sestavina, ki lahko popestri vaše vsakdanje kuhanje in v vsak obrok vnese pridih praznovanja.

Prosecco je dokazal svojo sposobnost izboljšanja in popestritve najrazličnejših jedi, od prijetnih koktajlov za malico do izvrstnih kombinacij za večerjo. Torej, nadaljujte z raziskovanjem kulinaričnih možnosti Prosecca in napolnite svoje recepte z njegovimi živahnimi okusi in šumenjem. Delite svoje stvaritve s prijatelji in družino ter uživajte v veselju, ki ga prinaša odkrivanje novih in slastnih okusov.

Upamo, da je »MEHURČKI IN UGRIZI: ULTIMATIVNA KUHARSKA KNJIGA PROSECCO« spodbudila vašo ustvarjalnost in vam dala novo odkrito spoštovanje do čarovnije prosecca v kuhinji. Na zdravje do kulinaričnih dogodivščin in čudovitega sveta užitkov, prežetih s proseccom!

www.ingramcontent.com/pod-product-compliance
Lightning Source LLC
Chambersburg PA
CBHW071316110526
44591CB00010B/917